人を大切にする45社の事例

いい会社に学ぶモチベーションの高め方

坂本光司&人を大切にする経営学会経営人財塾6期生

ラグーナ出版

はじめに

先般発表された国際通貨基金（ＩＭＦ）の予測によれば、２０２３年の日本の名目ＧＤＰはドイツに抜かれ、アメリカ・中国・ドイツに次ぐ世界第４位になったようです。

２０００年当時の日本のＧＤＰは、アメリカに次いで世界第２位、当時のドイツの２・５倍、中国に至っては、４・１倍もの規模でしたが、２０１０年には中国に抜かれ、その後、その差は年々拡大し、２０２３年の中国のＧＤＰは、日本の４・２倍になると予測されています。

より重要なことは人口一人当たりの名目ＧＤＰですが、同基金（ＩＭＦ）の予測では、２０２３年の日本のそれは、３万３９４９ドルと予測されており、データのある世界１９０の国・地域の中では、第34位です。ちなみに、第１位のルクセンブルクは13万５６０５ドルであり、なんと日本の４倍なのです。

ちなみに、２０００年当時の人口一人当たりのＧＤＰは、世界１８７カ国中、ルクセンブルクに次いで世界第２位でしたので、近年の日本の経済力の衰退は深刻といわざるを得ません。

こうした日本経済の低迷・衰退の原因は多々あると思いますが、その一つが、本書のテーマでもあります、社員のモチベーションの低下がもたらす、企業活力の著しい劣化にあると思います。

それもそのはず、モチベーションの低い社員が、顧客や社会に、程度の差こそあれインパクトをもたらすような価値ある仕事に日常的に取り組むことなどありえないからです。

筆者らの長年の調査研究を踏まえあえていえば、社員のモチベーションの低い企業で、その業績が安定的に高い企業など1社も存在していなかったし、逆に、社員のモチベーションが高い企業で、業績が低い企業など例外なく存在していなかったからです

ですから、社員のモチベーションの高い、いい企業を増加させることこそが、日本の再生の最も近道なのです

本書は、こうした問題意識をもって、人を大切にする経営学会人財塾第6期生が、1年間にわたり調査研究し、その成果を執筆しました。

本書は、3章の構成です。

第1章は、「45社の経営実態と社員のモチベーションを高める方策」と題し、この調査のために塾生が訪問し、先行研究資料と今回のヒアリング調査から得られた情報を、コーディネーターが要約しました。

第2章は、「社員のモチベーションが高い45社の紹介」と題し、現地調査した45社の経営の考え方・進め方や、社員のモチベーションが高い理由を詳細に考察しました。

そして、第3章では「社員のモチベーションを高める6つの方策」と題し、執筆者全員の討論を踏まえ、そのためのポイントを6点に整理しました。

本書が、社員のモチベーションを高めたいと日夜考え、実践されている関係者の皆様方に少しでも参考になれば幸いです。

なお、本書の執筆は、「人を大切にする経営学会」が6年前から毎年開講しています、1年間のビジネススクールである「中小企業人本経営（EMBA）プログラム（通称、学会経営人財塾）に入塾した第6期生全員と、担当コーディネーターが、タッグを組み行いました。

また第2章で取り上げさせていただいた企業は、転職的離職率や有給休暇取得率、さらには所定外労働時間などから見て「人を大切にする経営実践企業」と思われる企業100社以上の中から、業種や地域、あるいは、ここ数年間の執筆状況等を考慮し、45社にさせていただきました。

取り上げさせていただいた企業の担当者の皆様方には、業務御多忙の折、執筆にご協力をいただきました。この場をお借りし厚くお礼申し上げます。

最後になりますが、本書の出版を快諾していただき、詳細な内容のチェック等をしてくださったラグーナ出版の全スタッフの方々にも、この場をお借りし厚くお礼申し上げます。

２０２４年１月

学会経営人財塾第６期生一同
プログラム担当コーディネーター一同
代表　プログラム長　坂本光司

いい会社に学ぶモチベーションの高め方——目次

人を大切にする45社の事例

第3章　社員のモチベーションを高める6つの方策

第1章

事例企業45社の経営実態と社員のモチベーションを高める方策

この章では、事例に取り上げた45社へのヒヤリング調査を踏まえた経営実態と、モチベーションを高める方策等について述べます。

1 人を大切にする経営と企業の成果

人を大切にする経営とは、企業の業績や、ライバル企業との勝ち負け等ではなく、企業に関係する人々の幸せを第一に考えた経営のことです。

企業に関係する人々は、利害関係者とかステークホルダー等とも呼称される人々のことですが、その中でもとりわけ大切・幸せにしなければならない人は、５人（者）です。

第1は「社員とその家族」、第2は「社外社員（仕入先や協力企業）とその家族」、第3は「現在顧客と未来顧客」、第4は「地域住民とりわけ障がい者や高齢者等社会的弱者」、そして、第5は「株主・支援機関・地域社会」です。

この5人（者）を大切にし、幸せにするのが、企業経営の真の使命と責任です。業績や勝ち負けといった経営成果も大切・重要ですが、それは企業経営の目的としてではなく、企業経営の手段や結果として大切・重要なのです。

しかしながら、わが国企業の多くは、企業経営の手段や結果に過ぎない業績や勝ち負けを、あたかも企業経営の目的・使命として考えた経営をしてしまっています。

業績や勝ち負けを目的にすると、幸せにすべき「人」は、そのための手段・コストとして評価・位置付けられてしまいます。手段・原材料・コストなどと評価位置付けられた、感情のある人間社員が、属する企業や組織の業績実現のために、価値ある仕事をしてくれるでしょうか。

答えは否です。

本章では、まずは各種データや組織風土から見て、企業の業績や成長発展などではなく、「関係する人、とりわけ社員とその家族を大切にする経営を実践していると認められる企業」の経営成果を述べてみます。

◉高いモチベーション

人を大切にする経営を実践する企業の社員のモチベーションのレベルは、「他社と比較し、かなり高い」が38・1%、「他社と比較してやや高い」が50・0%と、有効回答企業の88・1%は、「他社と比較し高い」と回答しています。

一方、他社と比較し「低い」と回答した企業は皆無でした。

つまり、人を大切にする経営、人が幸せを実感できるような経営をすれば、社員のモチベーションが高まることが、明確に示されています。

◉安定した業績

人を大切にする経営を実践する企業の業績を見ると、「過去10年間黒字基調」が92・7％、「過去10年間収支トントン」が7・3％と、有効回答の100％が黒字経営であり、赤字企業は1社もないのが特徴的です。

つまり、人を大切にする経営、社員が大切にされていると実感するような経営をすると、社員のモチベーションは上がり、結果的に好業績になるということが示されています。

◉順調な人財採用

人を大切にする経営を実践する企業の人財採用の状況を見ると、「計画通り順調に採用できている」が25・0％、「ほぼ計画通り採用できている」が45・3％と、有効回答の計70・3％の企業が、順調な人財採用ができていると回答しています。

「あまり採用できていない」も15・9％ありますが、「ほとんど採用できていない」は0％であり、人を大切にする経営を実践する企業、社員が大切にされていると実感している企業の人財採用の状況は、人財入職不足に嘆く多くの企業の状況とは全く異なる結果です。

つまり、人を大切にする経営、社員が幸せを実感するような経営を実践すると、業績や社員のモチベーションが高まるだけでなく、人財採用にも大きく寄与することが示されています。

なお、人を大切にする経営を実践する企業の新規学卒採用は、「毎年計画的に採用している」

が77・5%と高くなっているのが特徴的です。

◉平均を上回る賃金

人を大切にする経営を実践する企業の賃金を30歳の年収（時間外手当を除く）でみると、「350万円～399万円」が39・5%、「400万円～499万円」が34・9%、そして「500万円～599万円」が9・3%、「600万円以上」が2・3%であり、349万円以下は14・0%でした。

つまり、400万円以上が46・5%と過半数であり、有効回答企業の平均は、業種によりばらつきはあるものの、概ね400万円～450万円です。

一方、わが国中小企業で働く30歳の社員の平均年収は、業種・企業によるばらつきも大きいものの、概ね300万円～350万円です。

人を大切にする企業、社員のモチベーションが高い企業は、賃金の面でも優位であることが示されています。

これは当然と思います。というのは、大切にされていると実感している社員のモチベーションは当然のことながら高くなり、高くなれば、たいていの社員はより良い価値を創出し、その結果として社員の賃金の原資である企業の業績を高めるからです。

2 諸外国と比較したわが国社員のモチベーションの現状

国内外の調査研究機関やコンサルタント会社が実施した各種レポートを見ると、わが国企業で働く社員のモチベーションのレベルは決して高くはありません。それどころか国際的にみると、極めて低いレベルであり、レポートによっては調査国中、最下位のランクというものもあります。

サンプル数の問題やその国の国民性や就労観、さらには発展段階などによる違いもあるとはいえ、深刻な状況であることには間違いはありません。

例えば、パーソル総研が、世界の国・地域の企業で働く社員を対象に実施した「グローバル就業実態・成長意識調査――働く Well-being の国際比較」（２０２３年４月）を見ると、わが国企業で働く社員のうち「働く幸せを感じる」人の割合は49・１％と、調査した18カ国中最も低い結果であり、唯一50％を下回っています。

ちなみに18カ国中、最も高かったのはインドの92・６％、次いで中国は89・２％でした。アメリカは79・３％、イギリスは77・９％、フランスは76・１％、ドイツは65・５％、そして韓国は53・３％と、いずれもわが国を大きく上回っていました。

また、米ギャラップ社が不定期的に実施している「グローバル職場環境調査」を見ると、わが国企業で働く社員の「仕事への熱意や働きがいを実感する社員の割合」は、何と5％と低くなっています。調査した国・地域は１４５あるのですが、そのなかで日本は、イタリアと並んで最も低い値となっているのです。

ちなみにアメリカやインドは30％以上、中国やドイツは20％弱、そして韓国は10％強なのです。

もう一つ、アメリカの人事コンサルタント会社「Kenexa High Performance Institute」（ケネクス）が、世界28カ国の企業に所属する社員を対象にした「従業員エンゲージメント調査」を見ても同様な結果です。

これによると、わが国企業で働く社員で、「働きがいのある社員・モチベーションの高い社員」の割合は31％と、調査した28カ国・地域中、最下位なのです。

ちなみにインドは77％、デンマークは67％、アメリカは59％、中国は57％、そしてブラジルは55％等でした。

かつて、わが国は、ジャパン・アズ・ナンバーワンとも言われ、世界の多くの国々のあこがれの国でしたが、近年のこうした結果を見ると、将来が不安になってきます。

より心配なことは、その数値が少しずつでもいい、傾向的に上昇しているのならともかく、逆に年々低下しているように思えてならないからです。

というのは、今から15年前の２００８年、坂本光司研究室（当時、法政大学大学院政策創造研究科）で、「わが国企業の社員のモチベーションに関する調査」を実施したことがあります。調査企業で「社員のモチベーションがかなり高い」と回答した企業と、「社員のモチベーションがやや高い」と回答した企業の合計割合は、正社員でいうと61・7％でした。調査対象や方法が異なるとはいえ、30％の下降傾向を見ると、わが国社員のモチベーションのレベルは、明らかに低下しているのです。

3　社員のモチベーションが高い企業は、企業経営だけではなく社会に貢献する

社員の働きがいやモチベーションの低下は、マクロ的にもミクロ的にも、わが国の経済社会に深刻な影響をもたらします。

例えば、赤字企業の増大や生産性の低下、その結果としての低賃金企業の増大、廃業の多発といった問題です。加えて言えば、そうした社会経済化においては、少子化の加速・拡大をもたらします。

余談になりますが、昨年、同人財塾の5期生の調査によると、社員が幸せを実感している企業、つまりモチベーションが高い企業の社員の平均的な子どもの数は、何と2・0人だったのです。

わが国の人口は、現状の合計特殊出生率で推移すると、100年後には4000万人程度と

推計されていますが、社員が幸せを実感する企業、モチベーションが高い企業を大半にすれば、わが国の人口は100年後もほとんど減少しないのです。

社員のモチベーションが高い企業は、こうした解決不可能といわれている問題をも解決してくれるのです。

ともあれ、わが国の企業にとって最も効果的なことは、業績の向上や、結果としての適正賃金の実現などです。

上述した「わが国企業の社員のモチベーションに関する調査」では、社員のモチベーションのレベルと企業の業績との関係性をかなり細かく分析しましたが、今回の調査同様、見事にそのことが証明されたのです。

つまり、社員のモチベーションが高い企業は、例外なく、その業績は安定的に高いということでした。もっとはっきり言えば、「社員のモチベーションがかなり高い」と回答した企業で、赤字企業は1社も存在していなかったのです。

逆に言えば、「社員のモチベーションがかなり低い」と回答した企業で、業績だけが安定的に高い企業など、1社も存在していなかったのです。

こう言うと、反発・疑問を覚える人もいるかもしれません。その反発・疑問の主たる理由は、「業績が高い企業は、業績が高いがゆえに、高賃金の支払いができる。それればかりか、社員や家族が喜ぶ様々な法定外の福利厚生制度の創設や充実・強化ができる。そうなれば、社員のモチベーションは自然・必然的に高くなるのではないか」といったことです。

しかしながら、そうした見方・考え方は誤解・錯覚です。

というのは、そうした反発・疑問も想定し、上述した調査研究では、アンケート回答企業600社の中から業績が高い企業だけを抽出し、その企業の社員のモチベーションのレベルとの関係を分析しました。すると、業績は高いにもかかわらず、社員のモチベーションのレベルにはかなりのばらつきがあり、十分な相関関係は認められませんでした。

一方、「社員のモチベーションがかなり高い」と回答した企業だけを抜き取り、その業績との関係性を分析したところ、結果は見事な「正の相関」だったのです。つまり、業績の高い企業の社員のモチベーションが高いのではなく、社員のモチベーションが高い企業の業績が高かったのです。

それもそのはず、自分が所属する企業・組織に不平・不満・不信感を持った社員が、属する企業や組織の業績を高めようと価値ある仕事をするはずがないからです。

逆に言えば、所属する企業や組織に満足・感謝している社員は、例外なくモチベーションが高く、その結果として価値ある仕事をするのです。

私たちはよく、「経営者の仕事は5つしかなく、その一つは、社員のモチベーションを高めること」といっていますが、その意味はここにあるのです。

余談になりますが、伝統的な経済学の理論では、「不況は『有効需要』の不足によってもたらされる」といわれますが、私たちは決してそうは思いません。そうではなく、「不況は『有効供給』の不足によってもたらされる」という考えです。

それは、好不況を問わず、長期にわたり高業績を持続している企業の存在です。しかもそうした企業は、業種・業態や、企業規模、さらには立地環境等を問わず多数存在するのです。つまり、「有効需要」の不足が、不況の原因であることを全く証明しないのです。

そして、これら企業にこそ共通していることの1つが、いつの時代も顧客が感動するような、喉から手が出るほど欲しくなるような価値ある商品やサービスをタイムリーに創造し提供していることです。

その最大の要因は、そうした企業の社員のモチベーションが例外なく高いからなのです。

その意味でも、わが国経済の再生は、わが国企業で働く社員のモチベーションを高める経営の実践しかないのです。

4 社員のモチベーションを高めるために重要なこと・実践していること

◉社員のモチベーションを高めるために重要なこと

人を大切にする経営を実践している企業・社員のモチベーションが高い企業が思う「社員のモチベーションを高めるために重要なこと」を、事例企業に聞いてみました（図表1）。

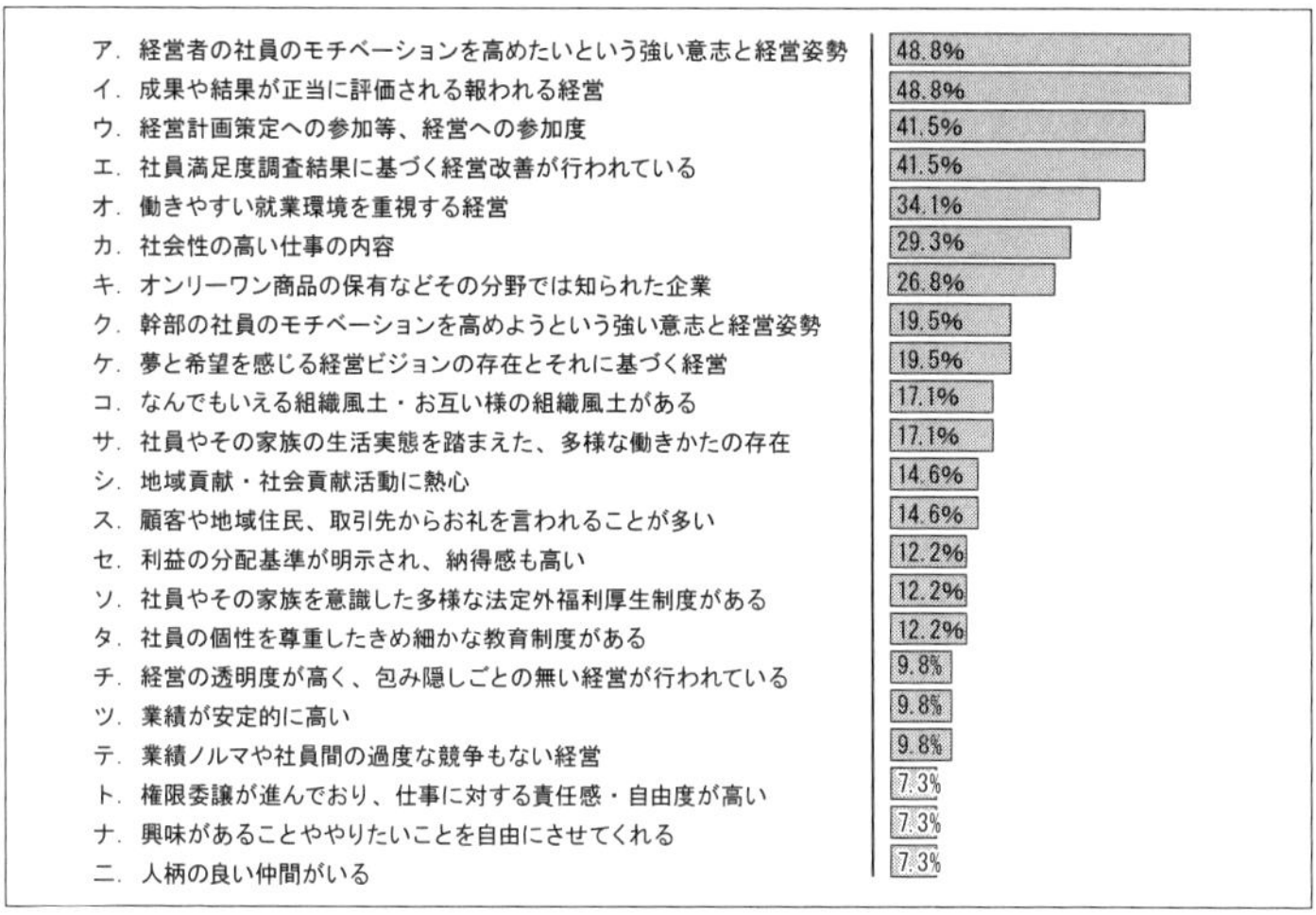

図表1　社員のモチベーションを高めるうえで重要なこと

最も多かったのは、「経営者の社員のモチベーションを高めたいという強い意志と経営姿勢」と「成果や結果が正当に評価される報われる経営」がともに48・8%でした。

以下は、「経営計画策定への参加等、経営への参加度」と「社員満足度調査結果に基づく経営改善が行われている」がともに41・5%、「働きやすい就業環境を重視する経営」の34・1%などが目立って多くなっています。

◉社員のモチベーションを下げる要因

逆に社員のモチベーションを下げてしまうと思われる要因を調査しました（図表2）。

最も多かったのは、「経営者や上司への信頼感をなくした時」の92・9%、以下、「職場の人間関係が悪化した時」の81・0%、「正しくないことを強要された時」と「努力や成果が正当に評

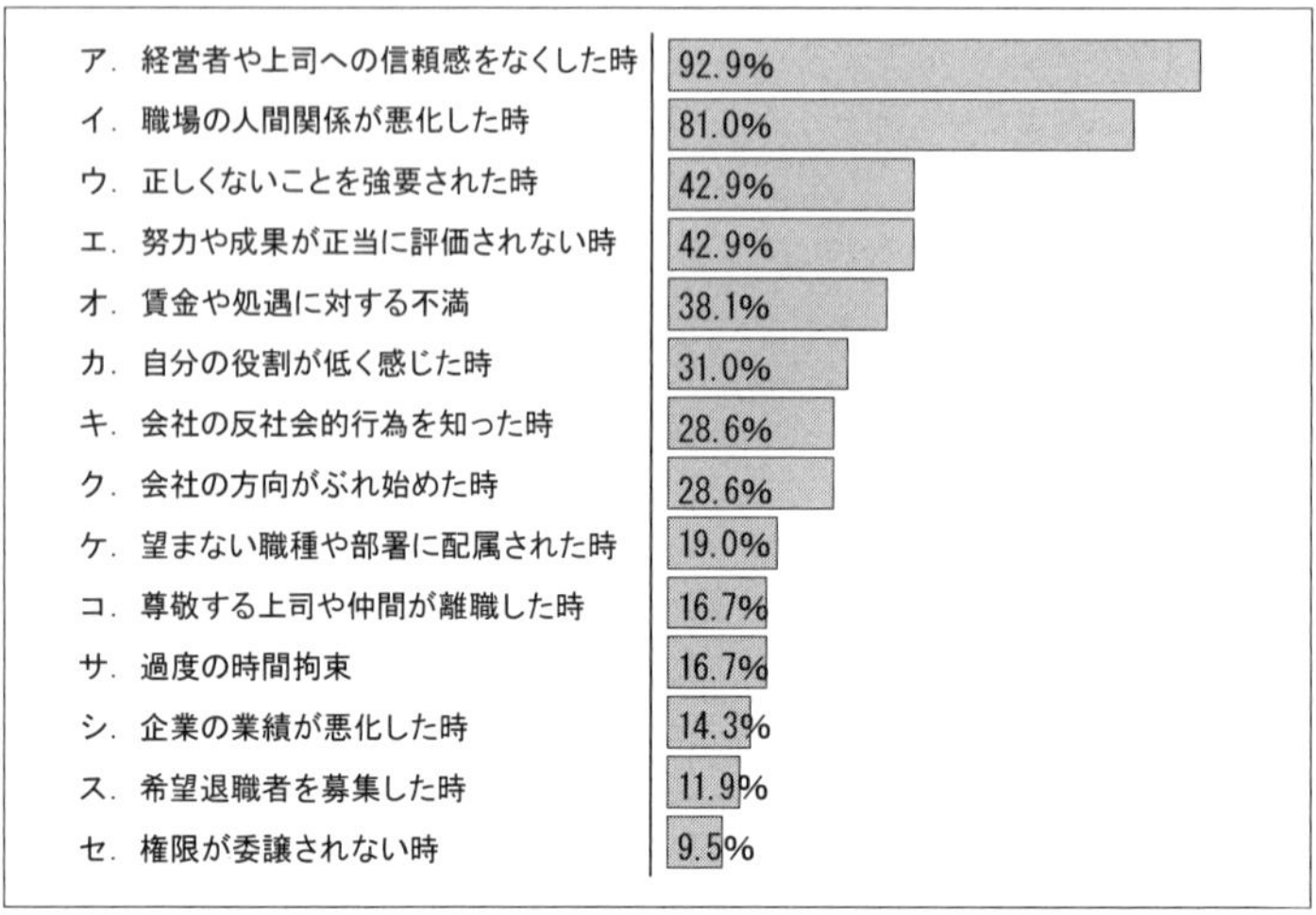

図表２　社員がモチベーションを下げる要因

価されない時」がともに42・9％、「賃金や処遇に対する不満」の38・1％、そして、「自分の役割が低く感じた時」の31・0％と続いています。

過度の時間拘束や賃金や処遇に対する不満より、はるかに経営者や上司の信頼感や職場の人間関係が重要であることが明確に示されています。

◉社員のモチベーションを高めるために現在実施していること

事例企業に、「社員のモチベーションを高めるために現在実施していること」を聞いてみました（図表３）。

最も多かったのが、「感謝カードや感謝を伝える場をつくる」の97・5％、以下、「経営情報の公開」と「何でもいえる組織風土の醸成」がともに90・0％、「各種表彰制度」の85・0％、「多様な働きかた（の用意）」の80・0%、「ノルマを設けない」と「全社会議・労使懇談会の開催」の77・5%等と続いています。

人を大切にする経営を実践している企業・社員のモチベーションが高い企業の大半が、これらの取り組みを導入・実践していることがわかります。

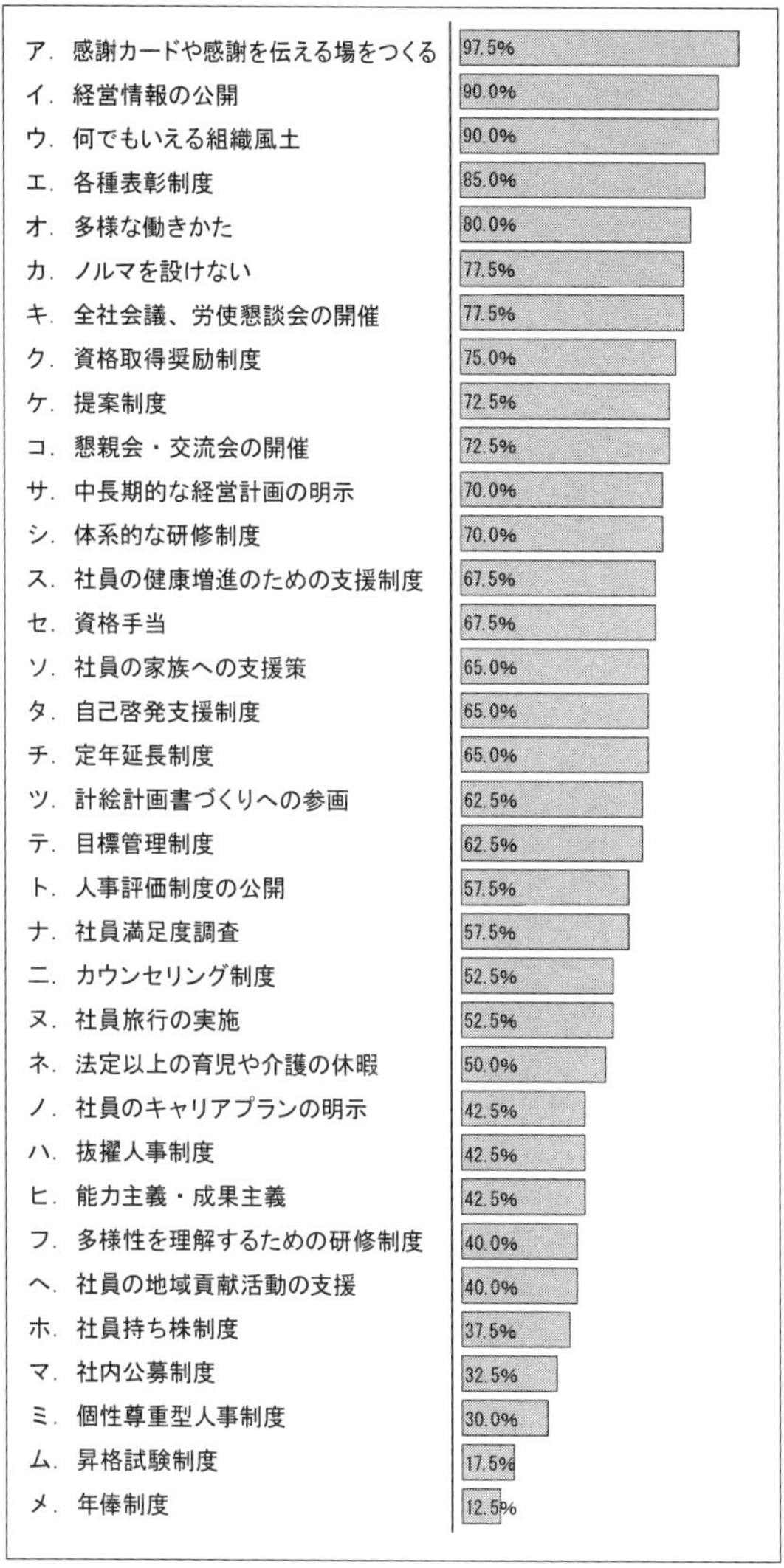

図表3　社員のモチベーションを高めるために現在実施していること

第2章では、社員のモチベーションが高いと、筆者らはもとより関係者から高い評価を受けている企業の中から、紙面等の都合で45社を取り上げその実態を述べてみます。

社員のモチベーションが高い企業は、何を重視し、どういう思いで経営を実行しているのか、そして、どんなモチベーション策を講じているかが、明白になると思います。

第2章

社員のモチベーションが高い45社の紹介

「和の精神」リサイクルと人財育成

株式会社ナプロアース（福島県伊達市）

自動車リサイクル業

株式会社ナプロアースは、現会長である池本篤さんが中心となり、自動車部品のリサイクルを目的に、1996年に設立しました。

設立後、東日本大震災や、福島原発の事故の直撃を受けるなど、幾多の困難に見舞われましたが、全社一丸となっての努力で見事、苦難を乗り越えてきました。現在は、社員数53名、事業も、廃車の引き取りから、リサイクルパーツの国内外への販売、さらには車の修理・修繕等、自動車の総合リサイクル企業として成長発展しています。

モチベーションが高い要因

業種柄、いわゆる3K的な仕事も多く、社員のモチベーションが上がりにくい業界であると思います。しかしながら、同社のモチベーションのレベルを聴取すると、職務や役職を問わず、多くの社員のモチベーションは、業界どころか、他業種と比較しても、かなり高いレベルなのです。このことは、同社の事務所や工場へ足を踏み入れると分かります。そこで働く活き活きとした社員の姿や気持ちの良い挨拶、会社の雰囲気から十分すぎるほど感じ取れました。

同社の社員のモチベーションの高い最大の要因は、社員の心に響く、社是・社訓・経営理念の存在と浸透、さらには、地域柄、２０１１年3月に発生した東日本大震災・福島原発事故の影響が大きいと思います。

ちなみに同社の社訓（ナプロアース三大信条）の一つには、「私たちは和を大切にして、仲間と心を一つにします」とあり、さらにそれを補足して「人は、ひとりでは生きられないから互いに支え合う気持ち、持ちつ持たれつの精神を大切にします」とあります。

こうした社訓の存在と、それに基づく経営の実践によって、人柄の良い利他の精神溢れるモチベーションの高い社員が集まり育っているのだと思います。

また東日本大震災では、それまで懸命な努力で培った経営基盤のほとんど全てを失ってしまいましたが、逆に、このことがきっかけとなり、恩返し・恩送りの生き方や、仕事の意味や働きがいの重要性を振り返り、今のような経営スタイルに大きくかじを取ったのです。

モチベーションを高めるための代表的・ユニークな取り組み

同社が社員のモチベーションを高めるために、考え実施している取り組みは、「独立支援制度」や「カムバック制度（出戻り社員の歓迎）」等、多々ありますが、ここでは代表的な二つの取り組みを紹介します。

一つは「３００評価」という社員の評価制度です。この制度は、社員の業績目標のみならず社会人としての基礎能力としてビジネス知識やコミュニケーション力、学習と育成など全３００項目の明確な評価項目からなり、時間をかけ社長と全社員の共同作業で作り上げたものです。「会社が求めている価値に対して、自分は今、どこまでできているのか」を数値で確認できる制度です。

しかも、本人と上司が、３カ月毎に、面談を実施して、相互に納得しあうまで確認をしあうのです。

会社の業績状況は全て、オープンにしているし、３００の評価実績を基に、給料や賞与を決めるため、「自分は頑張ったのに評価されていない」とか「なぜ、自分だけ賞与が下がったかの理由がわからない」といった、自分と上司、そして会社との乖離がほとんど発生しないと、池本さんは言います。

それどころか、自分が足りない点（弱み）や、評価されている点（強み）が、明確に分かるので、自身の今後の努力の方向や、モチベーション向上に役立っていると、社員は言います。

３００評価が、社員のモチベーションアップに大きな役割を果たしているのは、各項目が明確で納得感の高いものであることはもちろんですが、項目の中に、ナプロアースで一緒に働きたい理想の社員像を「ナプロマン」と称し、業績貢献度以上に、社員の成長の指標となる人間力こそを重視した評価内容になっているからと思います。

もう一つのユニークな取り組みは、「ナプロアース未来予想図」の作成・存在です。今からちょうど10年前の２０１３年、池本さんは、社員一人ひとりに「ナプロアースを将来どんな会社にしたいのか」といったことを聞き出し、一人ひとりの夢や希望を尊重した「ナプロアース未来予想図」を作成しました。しかもあえて、その作成をプロに依頼しイラスト化し、社内に大きく飾ってあるのです。

そして、書き込んだ社員の夢のうち、すでに実現したものには「達成」のシールが貼ってあるのです。それから10年経過した今日、「達成」のシールは35ある項目の中で、約半数もありました。

社員と会社の夢・目標が、一致・共有されていることが、同社の社員のモチベーションの高さの大きな要因であると思います。

今後重視・充実したいモチベーションを高める取り組み

現在、同社では、社員の働きがいやモチベーションを高めるため、様々な法定外福利厚生制度を導入・実施しています。

特に注力していることは、社員の「身体の健康」「食の健康」そして「社員と家族の健康」です。このため、地域レストランとコラボレーションによる食事の提供（ナプロカレー）や、敷地内に窯を設置してのピザづくり等の「サラメシ」の定期的な開催、社内カウンセリング制度（よろず相談室）の導入など、社員がいっそう働きやすい環境づくりに取り組んでいます。

２０２３年度は、「社員が決める福利厚生」と称して、社内に福利厚生委員会を発足させ「身体を元気に、食べて元気に、心を元気に」をキーワードに社員が実施する福利厚生やその内容を決定し実施する試みも開始しました。

こうした取り組みが、同社の社員のモチベーションを今後さらに高めていくことは間違いありません。

企業データ

社名▼株式会社ナプロアース　代表者▼代表取締役会長・池本　篤　創業年▼１９９６年
所在地▼〒９６０―０７１９ 福島県伊達市梁川町やながわ工業団地63―1
主事業▼自動車中古部品の販売・輸出
従業員数▼53名（男性29名、女性24名）　平均年齢▼35歳　最年長▼66歳

障がい者と共に学び、働くことが私たちの使命です

社会福祉法人実誠会 なるみ園（茨城県那珂市）

障がい者支援施設

なるみ園は、２００１年に設立された茨城県那珂市にある障がい者支援施設です。知的障がい者約60名の生活支援・就労支援をしています。設立のきっかけは、理事長である仲田実さんの知人の子どもが障がい者であったことです。自身が、障がい者を雇用する場所を作らなければならないという使命感で設立したのです。

同園の大きな特徴は農業への取り組みです。障がい者が農業に取り組むことで自立や働きがい、生きがいを得ることにつながっています。同園では、様々な理由で離農した方々から農地を借り受け、農業に取り組むようになりました。

現在では、収穫した農作物を、運営しているレストラン併設の直売所「サンファームなるみ」で販売したり、惣菜やパンとして加工したりと、六次産業化にもつながっています。ひまわりフェスティバルや、小学校・商工会が主催する地域イベントに出店するなど、地域密着の取り

組みも行っています。

モチベーションが高い要因

一般的には業種柄３Ｋ的な仕事が多く、職員を定着させる、モチベーションを高めるのが難しい業界です。しかし、同園の職員にモチベーションについて聴取すると、「障がい者がいきいき農業や生活をしていることが、職員の高いモチベーションにつながっている」と言います。

このことは、同園の運営方針から分かります。そこには「利用者中心に考え、協調性を持ち、明朗な態度で周囲と接し、個人の能力を生かし伸ばす支援を行う」とあります。職員はこの運営方針を基に、「なるみ園で生活し働くなかで、どうしたら利用者一人ひとりが成長や生きがいを得ることにつながるのか？」ということを常に考えているのです。

一般的な障がい者が働く職場は、任される仕事の範囲が限られ、やりたい仕事があってもできない場合が多いです。しかし、同園では「できないことよりもできること・得意なこと」に注目して、障がい者の方々に「働く喜び」や「働く楽しさ」を感じてもらうことを大切に考えていることが伝わってきます。

社会性のある仕事に就いているというそのような自覚が、職員のモチベーションを支えているのです。仲田留美施設長は、「利用者とその家族から託されている、支援する機会を与えてもらっている、という考え方を持たなければいけない」と言います。この考え方は、職員との全体会議を通して繰り返し共有されています。

同園が運営するレストラン併設の直売所、サンファームなるみを訪問すると、働いている女性は障がいのある方でした。店頭では笑顔で挨拶してくれて、丁寧な対応でした。「おいしく食べて笑顔で帰ってくれるのが嬉しい」「働くことが楽しい」と、接客の働きがいについて話してくれました。この様子に心が温かい気持ちになりました。職員のモチベーションの高さが、働く障がい者の日々の成長や生きがいにつながり、働く障がい者のいきいきした様子が職員の働きがいにつながる、という好循環を生み出している空気が、なるみ園のなかに心地よく流れています。

モチベーションを高めるための代表的・ユニークな取り組み

■徹底した現場への権限移譲

同園では、「利用者はどのようなことがやりたいのか、やりたいことを引き出す支援を提供すること」を大切に考えています。そのような支援をするためには、日々利用者と向き合っている職員一人ひとりが主体性をもって、考えたことを実行できる環境を整えることが不可欠です。そのため、職員が利用者の性格や特性を理解し、提案しやすい雰囲気をつくることを大切にしているのです。

支援部のＳさんが話してくれた事例に、こんなエピソードがあります。職員の一人が利用者から、映画が見たいという要望を聞いてきました。そこで、支援する職員は、利用者に楽しんでもらうためには何ができるかを考え、レクリエーションを企画しました。

作業室に暗幕を張り、ポップコーンやパン、お菓子などを用意して、まるで映画館に来たような雰囲気を作ったのです。そこで映画鑑賞を楽しんでもらいました。ご家族の方も、一般の方が大勢いる映画館に連れていくのは難しいので、喜んでくれました。このように、現場へ任せ権限移譲を進めていくことで、なんでも言える風通しの良い組織風土がつくられているのです。

■多様な働き方や人を受け入れる風土づくり

同園では、職員のライフスタイルに合わせた柔軟で多様な働き方ができるように、様々な制度を設けています。育児休業や介護休業が取りやすい体制の整備はもちろんのこと、子どもや配偶者との時間を大切にしたいと考える正規職員には、土日休みの固定を認めています。また、時間単位で使える有給休暇は、子育て世代や孫の面倒をみたい、親の介護をしているという職員に喜ばれており、モチベーションの向上につながっています。

■ニコリホット

「ニコリホット」とは、職員からの提案で始まった日頃の感謝を伝え合う取り組みです。日々の感謝の気持ちなど、「にっこり」「ほっと」する瞬間をカードに書いて伝えあう制度です。この取り組みは職員にとどまらず、なるみ園を利用している障がいのある方々に対しても行われています。

この取り組みから、利用者を尊重し、共に働く仲間だという意識も高まり、「にっこり」「ほっと」する瞬間が数多く生まれています。職員のモチベーションの源には、利用者を真ん中に置く、こうした価値観の共有があります。職員同士だけでなく、利用者に対してもここまで考えて実践されていることに驚き、温かい気持ちに包まれた瞬間でした。

今後重視・充実したいモチベーションを高める取り組み

地域との関わりを密にしながら、農業と福祉を通じて、利用者やその家族を中心に、職員にもいきいき働いてもらうことが同園の存在理由と考えます。仲田留美施設長は、「新しいことに取り組むのも大切ですが、なんでも言い合える組織風土をさらにより良くすることも大切。また、これまで以上に、自己啓発や研修制度の充実に取り組み、良さを伸ばしていきたい」と語ります。

企業データ

社名▼社会福祉法人実誠会 障がい者支援施設なるみ園　代表者▼理事長・仲田　実　創業年▼２００１年
所在地▼〒３１１－０１３４ 茨城県那珂市飯田２５２９－１　主事業▼障がい者支援施設なるみ園の運営
従業員数▼61名（男性28名、女性33名）　平均年齢▼52歳　最年長▼76歳

The One&Only HERO. 1000人のHEROをつくる

株式会社ATホールディングス（群馬県前橋市）　環境コンサルタント業・産業廃棄物処理業

株式会社ATホールディングスは、廃棄物の収集運搬・中間処理・最終処分を行っている会社です。代表の堀切勇真さんは、先代である父親の会社を創業メンバーの方々から請われて承継しました。その後、1件目のM&Aの依頼を機に持株会社「ATホールディングス」を2013年に設立、それから10年でご縁のあった4社をグループ会社化し、今では社員持株会を通じて社員の25%が株主という名実共に社員の為の会社を創りました。

5社すべてが産業廃棄物関連の会社であり、全業務工程にグループで一貫して対応していま す。堀切さんは自社の事業を、「産廃業ではなく、環境コンサルタント業」として、顧客の困り事には一丸となって最適な対応ができるように心掛けています。

こうした姿勢は、先代からの教えであった「論語」に基づいており、現在では、同社の風土ともなっています。「人」を一番の財産と考え、「心」の伴う経営を行い、「道徳や倫理観」を他の何よりも優先し未来をつくっていく、とクレドに明記しています。

M&Aでご縁のあった4社にも、「人とのご縁を大事に、不義理をせず、個性を大切にして、目標を達成する」という経営姿勢を信頼していただき、申し入れを受けました。

モチベーションが高い要因

同社のモチベーションが高い理由は、お互いを尊重し合い、誰もが会社の中で輝ける風土にあります。「全社員の幸せを通して世の中に貢献(ありがとう)の輪を広げ幸福総和NO.1企業を創る」を、経営理念としています。常に「会社は何のために存在するのか」を自問自答し、その結果として現在の経営理念にいたりました。

念頭に置いているのは常に、社員とその家族のことです。売上や利益よりも、どのようにすれば社員とその家族が幸せであるかを考え、報酬や福利厚生、働く環境の整備などを第一としています。そして、会社は経営理念を実現するための組織体として位置づけ、事業の基盤をつくること、人財育成と組織機能をつくること、の両面を重視して経営しています。

堀切さんは、承継以前に銀行員として勤務した経験から、経営者が亡くなって継続できなくなった組織を多く見てきました。そのため、ATホールディングスにおいても、不測の事態が起きて誰かがいなくなったとしても、社員とその家族を幸せにし、豊かにするための場所を維持していかなければならないと考え、全社員が自立した組織づくりに取り組んでいます。

また、「１０００人のＨＥＲＯを作る」と宣言しています。ＨＥＲＯとは業務能力だけで定義されるのではなく、社員一人ひとりの個性や長所に着目して認め合い、組織の中でそれらを活かして輝いている人、と定義しています。

社員の定期昇給額や年間所得は国内の全産業と比較しても大きく上回り、離職率も低いという点からも、良い会社であることは示されていますが、「一人として同じ人間はいない」「経営者は役割の一つであり、上下関係ではない」「良いところを認め合う」という社風こそが、高いモチベーションを生み出す源泉となっています。

モチベーションを高めるための代表的・ユニークな取り組み

高いモチベーションの土台となっているのは、先代から受け継がれてきた人本経営に基づく風土にあります。社の習慣として、収集や運搬を行った後、帰社した社員に事務所の方が飲み物を出して慰労します。出される飲み物は季節や天気、気温に合わせたものが選ばれ、それが日常的な光景になっています。

２０２３年10月には新社屋が完成しました。既存建物を大規模に改修した社屋です。環境に対する配慮と事業の本分を忘れないという思いから、社屋の入り口には海洋ゴミの集積物を加工し作成されたオブジェが飾られています。

新しい壁には、社員一人ひとりの座右の銘が表記されています。「もし社員が退職したら、座右の銘はどうされますか？」という問いに、堀切さんは一瞬立ち止まり、「考えもしなかった」と一笑されました。社員を人財として大切にされている証でしょう。

青々とした木々が茂り、自然光が豊富に取り入れられた新社屋では、半年に1回、営業総務全社員の発表会が行われます。社員一人ひとりが目標に向かってどのように取り組んだかを発表し、加点方式で称賛し合うことで、互いに思いやる風土を育む貴重な場となっています。

堀切さんは、グループCEOとなった現在、多くの業務や権限を委譲していますが、社員とその家族の疾病やケガなどの情報については、迅速に対応できるように自身で把握しています。金銭面でも、学費ローンの支援も行うなど、個々の環境に配慮した支援を行っています。こうした取り組みに、社員の家族から、お礼の連絡が届くこともあります。

さらにモチベーションを高める取り組みとして、グループ社内報の「HERO」があります。関東・東北にグループ各社の事業所があり、事業所が異なるとお互いが顔を合わせる機会が少ないのが実情です。そこで、各グループのHERO（社員）たちをお互いが認め合い、称賛し、尊重することを目的として創刊されました。

一般的な社内報は、会社情報、経営陣からのメッセージなど、業務中心の内容がほとんどだと思います。しかしながら、「HERO」では企業の主役は社員とし、自己紹介・クラブ活動・表彰は当然のこと、個々の人生の歴史や大切にしている思いなど、お互いに興味を持ちやすい記事になっています。「人財紹介コーナー」には、珍しい資格の取得者として、おもてなし検定、利き酒師、パン製造技能士、ペット用品取扱士の方々が紹介されています。このような記事が職場内での会話のきっかけとなり、円滑なコミュニケーションの一助となっています。

今後重視・充実したいモチベーションを高める取り組み

社内の休憩スペースには、社員用のお弁当やおやつが用意されています。固定席のないオフィスは自由闊達な雰囲気に満ちて、ミーティングルームもレストランの客席を思わせます。２階には防音音楽ルーム、バーラウンジ、卓球台、トレーニングジム、ヨガスタジオ、図書棚、ハンモックや睡眠用のベッド、酸素カプセルまで設置されています。同社の社員にはヨガやトレーニングジムのインストラクターが在籍しており、HERO一人ひとりが輝ける環境が整備されています。これからもHEROを１０００人に増やす取り組みと環境の整備を充実させ、一人ひとりの長所に着目した組織づくりを目指していきます。

企業データ

社名▼株式会社ATホールディングス　代表者▼代表取締役グループCEO・堀切勇真　創業年▼２０１３年
所在地▼〒３７９―２１０１　群馬県前橋市泉沢町１２５０番地16
主事業▼環境コンサルタント業・産業廃棄物処理業
従業員数▼３１０名（男性２６０名、女性50名）　平均年齢▼44・04歳　最年長▼70歳

人の体と心に美味しい農産物を届けたい

グリンリーフ株式会社（群馬県利根郡昭和村）

農産物の栽培・加工・販売業

グリンリーフ株式会社は、１９６２年に社長の澤浦彰治さんの両親が農地を買い求めて始めた農業を、澤浦さんが１９９４年に法人化して設立しました。化学肥料や添加物を使わない有機にこだわった農業経営を行っています。また、農産物の栽培・加工・販売までを一貫して行う、農業の六次産業化に早くから取り組み、収益化が難しい農業において事業を大きく成長させてきました。同社の経営理念は「感動農業」および「人づくり・土づくり」です。

「感動農業」には、①変化を「感じて」素早く「動く」、②お客様に「感動」してもらう、③働く私たちが仕事で「感動」を得る、この三つの意味があります。そして「人づくり・土づくり」には「健全な価値観を持ち続けるために共に学びながら、土づくりをして、健康的な作物を育み多くの人に健康と豊かさ、感動を提供する」という思いが込められているのです。

同社の強みは、安心安全な品質管理の証である有機ＪＡＳ認定・ＩＳＯ２２０００（食品安全マネジメントシステム）認証を取得している点です。また産地分散による年間を通しての安定した農産物供給体制は、取引先からの高い信頼を獲得しています。

モチベーションが高い要因

社員のモチベーションが高い要因として、まず、理念経営があります。経営理念へ共感し入社したという社員をはじめ、「感動農業」の言葉に込められた会社方針が社内に深く浸透。その結果、組織の中に「感じて、動いて、感動を呼び、感動を得る」という好循環が生まれ、社員の方々は自らの可能性を信じて様々なことに挑戦しています。

たとえば、お客様に「感動」を届けるためにより高いレベルの商品や、想像以上のおいしさや楽しさを提供できないか工夫を凝らします。社員一人ひとりが夢や目標を持ち、その実現に向けて日夜努力し続けることで、仕事を通じての達成感や成長を実感。このように、社員は働くことで「感動」を手にすることができる企業です。

社員の会社業績への高い関心度も、モチベーションを高めている要因といえます。期毎に全社員が参画する会議で、重点的に取り組む方針・課題を検討し、書面に整理。それを共有化して推進する全社会議を開催するとともに、ほぼ毎日ＳＮＳを使って、澤浦さんが社員へタイムリーな情報発信を行っています。同時に、経営状況は包み隠さずオープンにされていて、収益状況に連動して社員の賞与原資が増減する仕組みを取り入れていることも、同社の特徴の一つです。この仕組みの導入により社員の経営への参画意識は以前に比べ格段に高くなりました。

このほかに、自分が組織の中で承認されているという実感が持てることも、モチベーションアップに大きく寄与しています。同社のコミュニケーションは、経営側から社員に対しての一方通行ではありません。社員アンケートにはじまり、定例会議の際など、随時社員から経営側に対して意見・要望などを伝えることができる双方向のコミュニケーションが定着。その結果、社員の意見が経営に反映されることも少なくありません。

モチベーションを高めるための代表的・ユニークな取り組み

一つ目は、子育て中の女性にとって働きやすい職場環境づくりです。

役員の半数は女性で、管理職の半数以上も女性。なかでも子育て中の女性にとって働きやすい職場環境づくりを目指し、内閣府所管企業主導型保育事業の保育施設として敷地内に託児所を設置しました。グループ企業内で働くお母さんたちへ柔軟な保育サービスを提供しています。

女性をはじめとする社員が、結婚・妊娠・出産・子育てというライフステージにかかわらず働き続けやすい物理的な職場環境が整っただけでなく、突然の発熱による看護など「子育ての最優先はお互い様」の風土もできあがっています。

二つ目は、充実した社員の自己啓発や資格取得への支援です。

業務スキルの向上に関係するものは、会社が費用を負担することで積極的な学習を推進。たとえば、2人が「惣菜管理士1級」を取得。「簿記3級」に関しては、経理部門以外の社員までもが多数取得しており、会社全体としての計数管理能力の向上という副次効果が生まれました。また、資格取得後も、保持する資格の種類に応じて毎月手当を支給しているので、社員は、より高難度な資格取得にチャレンジするなど意欲的に自己啓発に取り組んでいます。

三つ目は、社員とその家族を大切にしていることが挙げられます。

収穫などを行う現場作業では、多くの外国人を雇用しています。その方々の採用に当たっては、澤浦さん自らが海外まで出向いて面接を行い、さらに本人の家庭を訪問し、親御さんにもあいさつを欠かしません。それを恩義に感じた親御さんは同社のファンとなっています。

お子さんが日本でホームシックにかかり母国に戻りたいと思ったとき、仕事や人間関係で悩み会社を辞めたいと思ったときなど、親御さんは「社長がわざわざ家庭訪問までしてくれる親切ないい会社はめったにないから、もう少し頑張るように」と慰留してくれるそうです。

なお、見学させていただいた社員寮は新しく清潔で冷暖房完備、プライバシーも保たれていて、外国人の方に特に好評とのことでした。仕事を終えた後の時間においても、日本での暮らしにストレスを感じさせないための配慮が行き届いていました。

さらに、前述の取り組み以外で、特にユニークなものを簡単に紹介します。

社員の子どもが何らかの全国大会に出場するとなった際に支援を行うほか、定年を65歳としながらも一人で出退社ができるうちは継続雇用を認めるといった特徴的な制度があります。

また、同社の監査役でもある社長の奥さんは、社員全員を対象に、誕生日には自らのポケットマネーでプレゼントを贈り、日頃の苦労や努力をねぎらっています。

今後重視・充実したいモチベーションを高める取り組み

一つは、社内ベンチャー制度の導入です。同社社員のチャレンジ志向はすでに高いレベルと言えますが、社員の挑戦意欲を一層高め、組織を活性化していきたいと考えています。

もう一つは、現在のところ会社としての取り組みで行われている社会貢献活動や環境保護活動について、今後は社員個人がボランティアで行う場合にも支援を考えたいとのことです。これは、他者を思いやる社員の主体性を尊重し、より育んでいくことが、人づくりそのものであると考えているからに他なりません。

社員を家族のように大切に扱い、寄り添い育てる取り組みが今後も展開される中で、同社はますます発展していくことでしょう。

企業データ

社名▼グリンリーフ株式会社　代表者▼代表取締役・澤浦彰治　創業年▼１９６２年
所在地▼〒３７９―１２０７ 群馬県利根郡昭和村赤城原８４４―12　主事業▼農産物の栽培・加工・販売
従業員数▼１２３名（男性42名、女性81名）平均年齢▼39歳　最年長▼78歳

気づきの支援や利用者の声こそが、社員のモチベーションの源泉

リハプライム株式会社（埼玉県さいたま市）　介護事業

リハプライム株式会社は、２０１１年、現社長である小池修さんが脱サラし、数名のスタッフと共にスタートした介護サービス業を営む会社です。

設立のきっかけは、小池さんのご両親が病気で倒れ、介護施設のお世話にならざるを得ない身体になってしまったことでした。小池さんは大好きな両親がお世話になると思われる、地域の介護施設を40カ所近く見て回ったのですが、小池さんが、「ここならば大切な両親を託せる」と思える施設が見つからなかったのです。そこで、勤めていた会社を脱サラし、大切な両親のために、この事業を始めたのです。

同社の最大の特徴は、高齢者を介護して護る「介護」ではなく、人生の大先輩を敬って護る「敬護」を理念に掲げ、そのための事業活動を実施している点です。

こうした事業姿勢と努力の結果、事業も年々拡大し、今や「リハビリを中心とした歩行訓練

型デイサービス」「コンパスウォーク」「訪問看護ステーション」「介護タクシー」、そして「移動スーパー」「シニア向けの美容室を併設した茶の間（喫茶店）」等に拡大しています。

小池さんの夢は、高齢者がプライドや幸福感を持ち続けられる「ハッピーリタイアメント社会」の実現です。

モチベーションが高い要因

介護事業に従事する社員の多くは、身体的のみならず、精神的にも負担が大きく、平均で見ると決して社員のモチベーションが高い業界ではありません。事実、その結果としての業界の転職的離職率は、20％を超す企業も多くあります。

こうした業界ですが、同社の社員のモチベーションを関係者から聴取すると、いずれの職種においても大半の社員が「非常に高い」や「やや高い」レベルとなっています。また、それを証明する転職的離職率も、業界の平均をはるかに下回っています。

同社の社員のモチベーションが高い要因の一つは、なんといっても「敬護」を経営理念に、真に高齢者に喜ばれる事業を実施していることです。毎日多くの利用者から、社員が直接、「あなたのおかげ……」と感謝の言葉をいただけていることにあると思います。

二つめは、社員のモチベーションが自然に高まるような、やらされ感のない、さまざまなハートフルな仕掛けが講じられているからだと思います。

その一つは、個人の価値観と会社の価値観を紐づけるため、年に2回、経営層とリーダー社員が、時間をかけた丁寧な話し合いをしながら、個人のビジョンマップと会社のビジョンマップを作成していることです。そして、会社は、双方のビジョンマップを見ながら、双方のベクトルが合うようきめ細かな情報提供や支援を行います。

また、「コンパスウェイ（流儀）」―SKYSIGHT―（やりがいと幸せの8か条）を指針とした経営の実践も、社員のモチベーションアップに役立っていると思います。ちなみに、Sは成長思考、Kは感謝の心、Yは役立ち（恩返し）、Sは全ての因は我にあり、Iは一日一生、Gはグッドグラス、Hは褒める（価値の発見）、そして、Tはチーム（全体最適）の意味です。コンパスウェイはカードサイズにまとめられ、名刺や定期入れなどに入れて、常に見られるようになっています。

モチベーションを高めるための、代表的・ユニークな取り組み

小池さんは、社員間のモチベーションや価値観の違いは、その人の属性にあるのではなく、その人の「学びの深さ」に関係していると考えています。このため、社員教育には、ことのほか注力しています。その一つが、オンラインセミナー「コンパスアカデミー」の開催です。

アカデミーは、全社員と協力会社を対象に、毎月1回開催されるほか、属性に応じた研修も毎月開催されています。講義の内容は、テクニック論ではなく、人としてのあり方・生き方や、

物事の捉え方に関するテーマが大半です。つまり社員の人間力を高めるためなのです。

終了後は、参加者全員にアンケートを実施し、疑問や意見には必ず経営層がフィードバックしています。言いっぱなし、聞きっぱなしではなく、仔細なことでも、必ず丁寧にフィードバックしていることが、社員のモチベーションアップになっているのだと思います。

また、「社長からの動画配信」も、社員のモチベーションアップに大きく寄与していると思います。これは、毎朝4時3分から3分間の「社長からのメッセージ」が、全社員に動画配信されるのです。

その内容は、社員との面談で社長自身が気づいたことや、コンパスアカデミーでの社員のアンケート結果の内容、さらには、経営への思い・社員への思い等が語られます。

小池さんは、体調の良いときも悪いときも、また土日祝日・年末年始も、365日、全社員に毎日発信しています。これにより、社員の多くは、小池さんの経営への思いや考え方・進め方をダイレクトに受け、知ることができるのです。ともあれ、いちばん大変な人は、社長である小池さん自身と思いますが、こうした努力と苦労こそが、社員数が300名近くなった今も、同社が一体感があり、社員のモチベーションが高い要因と思います。

今後重視・充実したいモチベーションを高める取り組み

多くの人は、ある程度の年齢になると、親と出かける機会や本音で話す機会は少なくなっていくものです。

敬護を経営理念としている小池さんは、ようやく事業が落ち着いてきたこれからは、そうした活動を会社としても促進・支援したいといいます。

具体的には、会社が経費を負担しての、親と子３人での「父母旅行研修」の実施です。社員が両親に感謝する時間を増やしてあげたいという小池さんの強い思いからなのです。

また、業績への貢献度だけでなく、よりもっと多彩な表彰制度を創設し、会社の中に「ありがとう」が、毎日飛び交うような、仕掛けを充実していきたいともいいます。

こうした小手先ではない取り組みが、同社の社員のモチベーションを高めているのです。

企業データ

社名▼リハプライム株式会社　代表者▼代表取締役・小池　修　創業年▼２０１１年
所在地▼〒３３０－８６６９ 埼玉県さいたま市大宮区桜木町1丁目7－5　ソニックシティビル26Ｆ
主事業▼介護保険事業・通所介護・介護予防通所介護事業・訪問看護事業・訪問介護事業・福祉用具
従業員数▼２８６名（男性１２２名、女性１４４名）　平均年齢▼41歳　最年長▼73歳

経営計画書の活用を通してモチベーションの向上を実現

スズキ機工株式会社（千葉県松戸市）　潤滑剤製造・販売、食品機械製造

スズキ機工株式会社は、1971年に18L缶の製造装置を設計・製作・保守する会社として創業しました。順調に事業を拡大してきましたが、1991年のバブル経済崩壊後、「産業の突然死」を経験します。お客様である製缶会社9社が価格競争の激化で廃業や倒産していったのです。

現社長の鈴木豊さんは、1997年、28歳のとき、先代から乞われ入社しました。機械のことをゼロから学び、前職でのご縁を活かし食品製造メーカーとの取引を増やすなど懸命に同社存続のために働きました。最後の製缶会社が2007年に倒産し創業時の事業の売上がゼロとなりましたが、食品製造メーカーの売上は十分に成長していました。

この年に鈴木さんは社長に就任しました。社長就任後、鈴木さんは片道1時間以内のエリアに絞る戦略をとりました。ところが、近隣に絞ると市場が限られ、将来社員が年齢を重ねた時

に必要となる給与を払えないことが事業計画から予見されました。

そこで、第二の事業の柱として自社商品の開発に取り組む方針を打ち出しました。食品製造メーカーの声をヒントにし、さまざまな自社商品を開発してきました。なかでも機械装置用の潤滑剤が大ヒットし、現在、自社商品は売上高の約7割を占めるまで拡大しています。

モチベーションが高い要因

鈴木さんは社員のモチベーションは高いと感じています。戦略や会社運営の方針とその理由を具体的に経営計画書で明文化し、全社員で方向性を共有しながら事業を行えているので、当事者意識は高く、そう思うとのことです。

モチベーションを左右する要素として、仕事のやりがい、面白さ、職場環境、収入、社内制度などがあります。このうち収入については、鈴木さんは常々社員に対し、「年収1千万円で片道1時間半かけ通勤し残業が多く家族と過ごす時間が少ないのと、年収800万円で通勤時間は短く定時に終わり家族と多くの時間を過ごせるのと、どちらが生活的な満足度が高いのかを考えたうえで収入を考えたほうがよいよ」と言っています。年齢別でみると30代、40代はモチベーションが高い傾向にあるので、家庭をもち、子育てを行っている世代は、生活的な満足度を享受できていることが伺われます。

モチベーションを高めるための代表的・ユニークな取り組み

同社の経営計画書には、例えば「健康と福利厚生に関する方針」では、40歳以上の社員及びその配偶者の人間ドッグの費用は全額会社負担としています。「コミュニケーション強化に関する方針」では、毎月2回、1回あたり3名で社員飲み会を開催しています。費用はもちろん、その時間を勤務扱いとしています。他にも、研修の費用は予算上限を決めず必要な研修を開催することや、給与・賞与の方針など様々なことを明記しています。

そして経営計画書の内容は鈴木さんが直接、全社員に説明し、手帳として配ります。さらに経営計画書の理解度テストを定期的に行い、テスト結果を評価に組み入れるなど、社員への浸透を徹底しています。鈴木さんは、これらは効率的な経営をするために当たり前のことを実施しているだけで、モチベーション向上というよりも、モチベーション低下を招かない効果を感じるとのことです。

モチベーション向上に大切なのは、社員をしっかりと見て、それを社員の成長や評価につなげること、と鈴木さんは考えています。3カ月に1回、上司と部下で実施する面談に鈴木さんも同席し黙って横で聞いています。面談で良かったことや、できなかったこと、次の3カ月で伸ばす事などを確認していくことが何よりも重要とのことです。

同社にはモチベーション向上に寄与する独自の取り組みがあります。それは福祉事業所との共生価値（CSV）の創造です。工場移転で旧工場の入居者募集をしたところ、「どうしても入居したい」と言ってきたのが福祉事業所でした。入居後、障がい者の作業工賃がわずか１カ月３０００円と知り、これは誰かが支えないといけないと思ったそうです。

そこで、同社は商品の袋詰めやバーコードシール貼り等の作業を発注することにしました。さらに障がい者の方が作業した証として「お仕事シール」を商品に貼り、お客様は商品を購入することで障がい者を支援できるという新たなＣＳＶを作り出しました。鈴木さんは「業績がよければ障がい者の方たちの工賃も伸びますし、業績が悪い年であっても悪いなりに発注はできます。継続性を第一に考え取り組んでいます」とのことです。

この取り組みにより、同社の社員は自分たちが障がい者を支え伴走しているという意識を持ち、モチベーション向上の一因となっています。今では鈴木さんの知らないところで社員と障がい者との様々な交流が生まれるまでになりました。

今後重視・充実したいモチベーションを高める取り組み

社内制度の強化は必要に応じて実施していくそうですが、何よりも大事なのは「①事業の方向性の明示、②それにより求められる人物像・スキルの明示、③それに対してどのような努力が必要か、その努力の実行を求めて、④最終的にはその結果の評価を正当に実施してあげる」の４つだと鈴木さんは熱く語ってくれました。これらを今後もさらに磨きをかけ強化していくことで、社員のモチベーションはさらに高まることでしょう。

企業データ

社名▼スズキ機工株式会社　代表者▼代表取締役・鈴木　豊　創業年▼１９７１年
所在地▼〒２７０−２２１４ 千葉県松戸市松飛台３１６−３
主事業▼潤滑剤の製造・販売、機械装置の受注・設計・製造・販売
従業員数▼16名（男性11名、女性５名）平均年齢▼36歳　最年長▼75歳

「すべては笑顔のために」社員自らがモチベーションを上げる組織

エス・エー・エス株式会社（東京都港区）　情報処理サービス業

エス・エー・エス株式会社は、東京都港区三田に本社を構えるＩＴ企業です。金融・流通・クレジット業務などを主としたシステム構築やコンサルティングなどを行っており、顧客からの受託開発のほかにも、自社製品であるクラウド勤怠管理「勤労の獅子」やクラウド経費精算「経費の獅子」など、多数のクラウドサービスも提供しています。

創業以来赤字なし、無借金経営という素晴らしい業績だけでなく、リモートワークや時差出勤など多様な働き方を積極的に取り入れ、社員の働く環境も充実しています。健康優良企業認定制度「銀の認定」や、東京ライフ・ワーク・バランス認定企業、第11回「日本でいちばん大切にしたい会社」大賞審査員特別賞の受賞、また、ＬＧＢＴＱに関するＰＲＩＤＥ指標ゴールドの５年連続受賞など、社員の働き方に関する認定や賞を多数獲得しています。転職的離職率は３％と、ＩＴ業界の平均９・６％と比べて低く、若い社員も多い笑顔のあふれる会社です。

モチベーションが高い要因

同社の使命は「すべては笑顔のために〜世の中のすべての人を笑顔にする〜」というわかりやすいものです。この使命の浸透がモチベーションを自然と高める要因となっています。創業から5年目の2000年、株式会社への改組のタイミングで明文化。当時の役員や一部の社員などと意見を交わし整理したため、元からいる社員も共感できる内容となりました。

経営理念は「常に質の高いサービスを提供し　会社のスキルアップを通じて　SAS全メンバーの生活水準の向上を図る　と共に社会の笑顔に貢献していく」。ワークでもライフでも笑顔の絶えない素晴らしい人生を過ごしてもらいたいという想いが込められています。「SAS全メンバー」とは社員だけではなく、その家族、ビジネスパートナー様、お客様すべてを指します。

採用では、同社と価値観が合う人財かをしっかり確認しています。「面接の際、当社のどこに魅力を感じているのかを必ず聞いています。そのとき、仕事の話にしか触れない方は採用に至りません」と社長の青山秀一さん。ワークだけでなくライフも高い次元で充実してもらいたい。そんな想いに共感できる人に入社してもらうことがお互いに重要だと考えているためです。

働き方が多様、かつ、多くの社員が普段お客様先に常駐し職場が異なるため、月に1回全体会議を開催し、会議後には全額会社負担での懇親会でみんなで仲良く笑顔を交歓しています。また、社員は全員通常業務のほかに、社員会や推進チームといった部署横断の組織運営に関する活動に一つ以上参加し、その多くは積極的で、「去年の活動を超えるぞ！」と意気込んでいます。会社や社員同士に愛着を持つことが、仕事へのモチベーションにつながっているのです。

青山さん自身も率先して笑顔を追求する姿勢を示しています。社員の家族と交流する場も多くつくり、今では社員とその家族の名前を覚えることが特技となり、現在全社員およびその家族３６５名の名前を記憶し、イベントなどで会った際に名前で呼んでいます。

モチベーションを高めるための代表的・ユニークな取り組み

ＥＳ（従業員満足）からＣＳ（顧客満足）へつなげるという考えのもと、利益が出たらみんなが公平に利用できる福利厚生制度があり、そのなかから特徴的な制度を紹介します。

ＳＡＳ全メンバーが参加できる多数のイベントを開催し、運営は立候補した社員で構成する社員会が行います。予算管理から体制づくり、実績報告まで社員が行うため、組織運営を経験する場にもなっています。毎年の国内社員旅行、特に5年に一度の海外社員旅行は大きなイベントで、社員も大きく成長。家族同士も仲良しになり、笑顔を増やす最高の場です。

すべて手作業のお米作り体験や和気あいあいのクラブ活動も大きな特徴です。ある役員の「野球部をつくりたい！」という言葉からクラブ活動がスタート。今では12個のクラブができ、延べ４６７名（一人当たり平均所属数２・８クラブ）が参加しています。家族参加の企画もあり、共通の趣味を通じ、最高の笑顔を共有しています。これも組織運営経験の場となっています。

働き方では、コロナ禍以前から子育て世代、介護世代の人財が安心して働き続けられる環境を整えることが急務と考え、高稼働抑制基準を作成。お客様との共有による長時間労働の削減、テレワークやモバイルワークの導入、時差BIZという名の時差出勤の導入など、メンバーファーストの取り組みを行ってきました。現在は地方に居住し、リモートワークの社員もいます。その際、自社製品のクラウド勤怠管理「勤労の獅子」を利用。自分自身が便利に使うことでお客様へも自信をもって製品を提供できるようになり、ESがCSにつながっています。

また、社員がキャリアアップをイメージしやすいように人事制度ガイドブックを作成。力をつけてきたら、幹部社員としてマネジメント職に進むか、エキスパート職に進むかを社員自身が選ぶことができます。また、目標に合わせた多様な研修プログラムも用意。誰かに決められるのではなく、自分自身が選択できるという環境が笑顔とやる気につながっています。

職種や人事グレードによって取得を推奨する資格も、マップにしてわかりやすく表示。取得必須資格は仮に不合格であっても、3回まで受験費用を会社が全額負担します。さらに、現在より上の人事グレードにランクされる資格を取得すると、報奨金がもらえる表彰制度も用意。1年に3つもの資格に挑戦したり、入社直後の新卒社員が2グレードも上の資格を取得するなど、前向きに取り組み学びを業務に活かす社員を支援する制度を整えています。

メンバー全員で自社の未来を考えて経営計画を策定・実行する「SAS2030」プロジェクトには人生、成長、変革、挑戦、感動、貢献をテーマにした6つの推進チームがあり、全社員が希望のチームに所属。さらなる笑顔のために主体的に企画・運営しています。会社の支援を受けながら、社員自らが会社の方向性を決める活動だからこそ、モチベーションが上がるのです。また、部署をまたいでの様々な交流が仕事を円滑にし、離職防止にもつながっています。

今後重視・充実したいモチベーションを高める取り組み

前述の「ワークでもライフでも笑顔の絶えない素晴らしい人生を歩んでもらいたい」という想いを込めた経営理念から「新規事業チャレンジ制度」はつくられました。社員の誰もが新規ビジネスアイデアの提案に挑戦でき、事業化を目指す制度です。

自分たちが磨いたＩＴスキル×自分たちのアイデアで社会の笑顔に貢献し、社員が自らの存在価値を高め、働きがいを持って、よりいっそうワークを充実してもらいたい。「働きやすさ」と「働きがい」の実現によるワークの充実と、自ら取り組む様々な活動によるライフの充実の両方から得られる〝最高の笑顔〟を目指し、ともに成長する経営は続いていきます。

企業データ

社名▼エス・エー・エス株式会社　代表者▼代表取締役・青山秀一　創業年▼１９９５年
所在地▼〒１０８―００７３ 東京都港区三田三丁目４番10号４Ｆ
主事業▼金融・流通・クレジット業務を中心としたシステム構築およびコンサルティング、バックオフィス業務支援のクラウドサービス等の提供およびコンサルティング
従業員数▼１３４名（男性87名、女性47名）　平均年齢▼35・９歳　最年長▼59歳

「ありがとうは人間関係の潤滑油です」

社会福祉法人合掌苑（東京都町田市）

福祉・介護業

社会福祉法人合掌苑の創業のものがたりは東京大空襲まで遡ります。焼け野原になった街に奇跡的に残った竜昌寺（中野区）で、後に初代理事長となる市原秀翁さんは、戦災避難民の方々のお世話をしていました。そこで暮らしていたある男性が、「お世話になって、ただ無為に生きていくのが心苦しい」という遺書を残し、自ら命を絶たれました。「ただ、善意だけでお世話をしているだけでは、受ける方の心の負担になってしまう。公的な施設にすることで、人の権利として利用できるようにしなければ、本当の安心は得られない」。この思いから、養老施設の建設に着手し、1953年4月に戦後第1号となる、東京都公認の老人ホーム「中野合掌苑」の運営が開始されました。

現在では、東京都町田市と神奈川県横浜市にある三つの施設で、「関わるすべての人を幸せにする」という使命のもとに、高齢者介護を中心に運営しています。

モチベーションが高い要因

一般的には、介護業界は仕事内容がきつく、離職率も高いというイメージがあります。

しかし、同法人の施設を訪れると、雰囲気がとても明るく、笑顔で会話をしているシーンを多く見ることができ、一般的なきつい現場というイメージは一掃されます。このような背景には、そこで働く一人ひとりのモチベーションの高さが関係しているに違いありません。

社員のモチベーションが高い要因には、二つの徹底したこだわりが起因しています。一つは、採用のこだわり、もう一つは、働きやすい職場環境のこだわりです。

現理事長の森一成さんは、「新卒もアルバイト・パートも、採用の際に最も大切にしていることとは、理念に共感しているかです」と笑顔で話されます。その姿勢からは、創業から受け継がれている理念「人は尊厳を持ち、権利として生きる」を具現化し続ける、という強い意思がひしひしと伝わってきました。現在では、社員・スタッフは理念・使命に共感し、一緒に社会に貢献したいと考えた人たちが集まり、活躍しています。

もう一つは、働いている人たちが最高のパフォーマンスを発揮するための環境をつくる、という強い意志です。森さんはインタビューで、このようなことを仰っていました。

「医療は病気を治すという目的があります。しかし、介護は成果が見えない仕事なので、感謝がとても重要になります。人に感謝されるということは、人に優しく接しているということです。人に優しくするためには、自分自身に余裕が必要です。社員の余裕をつくるためには、拘束時間を減らすこと、身体への負担を減らすこと、良好な人間関係がとても重要です」

その取り組みの結果は、一カ月の平均残業時間が6時間、有給取得率が86％、転職による離職率が3％と、数字にも確実に表れています。

モチベーションを高めるための代表的・ユニークな取り組み

同法人が行っている、二つの取り組みを紹介します。

一つは「ベストスタッフ賞」という社員の表彰制度です。職員が自分の部署だけでなく、他の部署も含めて、今期、がんばったと思う人を選び、理由を添えて投票します。

表彰されることは嬉しいことですが、それ以上にお互いの行動に目を向け、認め合うことで、感謝の和が広がっていき、モチベーション向上につながっているといいます。

もう一つは「サンクスカード」です。名刺サイズの紙に、相手への感謝を書き、専用のカード入れに入れます。このカードはいつ書いてもよく、多い人は、半年で300枚のサンクスカードを書いて送るそうです。このサンクスカードも、半期で集計して表彰しますが、ユニークなのは、その集計方法です。本来は、多く受け取った人が受賞すると思いますが、同法人では、多く送った人が表彰されます。

森さんは「人からありがとうと言われないのは、その人自身が、ありがとうと言っていないからです。ありがとうとたくさん言えるのは、周りの良いことに気づいているからです。介護は、何かのちょっとした違いに気付くことも重要です」と教えてくれました。

今後重視・充実したいモチベーションを高める取り組み

コロナ禍で４年ほど実施を見送っていた施設見学会を、８月の最終日曜日、社員の子どもたちのために開催しました。これには、子どもたちが、自分の家族がどのような場所で働いているか分かる、同僚の子どもを理解し合う、という二つの意味合いがあります。家族に実際に会うことで、困った時にお互いに助け合う気持ちが強くなるといいます。

最後に森さんの一言を紹介します。

「ありがとうは人間関係の潤滑油です」

この一言を伺い、同法人の創業、取り組み、モチベーションなど、すべてのことが一つにつながりました。

企業データ

社名▼社会福祉法人合掌苑　代表者▼理事長・森　一成　創業年▼１９５３年
所在地▼〒１９４－００１５ 東京都町田市金森東３－18－16
主事業▼養護老人ホーム、特別養護老人ホーム、有料老人ホーム、訪問介護、デイサービス
従業員数▼４９２名（男性１２６名、女性３６６名）平均年齢▼51歳　最年長▼87歳

お金では買えない価値をもたらすランドセル

株式会社協和（東京都千代田区）　かばんの総合メーカー

1948年、株式会社協和は、戦後の混乱のさなか、東京浅草鳥越でかばんの製造を開始しました。夫婦二人ではじめたかばん屋は、今ではランドセル、スーツケース、ビジネスバッグなどを企画、製造、販売する総合メーカーに成長しました。

「元気の出る」かばんを通して生活・文化に貢献することを企業理念に掲げ、軽さと機能美を兼備した、使用する人にとって使いやすいかばんを作っています。

ランドセルは年間13万個を販売。同社を代表する製品です。千葉の自社工場でランドセルを生産しており、企画から販売までの全てを自社で行っています。ランドセルを中心に総合的にかばんを製造しているのは同社だけとなっています。

モチベーションが高い要因

代表取締役社長である小森規子さんは、「社員のモチベーションは非常に高いと自信をもって言えます」と語ってくれました。

同社はランドセルの展示会販売を全国各地で開催。4月から6月のいちばん忙しい時期には土日、祝日の全てが展示会となるため、本社所属の全社員が総出でお客様の対応をしています。社員のみで展示会の対応を行うので、自社の製品の良さや特徴を的確に説明できます。展示会にランドセルを見に行った方からは、説明がとてもわかりやすく、接客も非常に丁寧であったと評価されていました。さらに実際に購入したランドセルは軽くて子どもも気に入っていて、注文時やその後のやりとりも素晴らしかったとお褒めの言葉を頂戴しています。

工場の繁忙期に人手を補うため、本社所属の全社員が積極的に応援に行きます。社員が自分事として会社の業務をとらえているエピソードとして代表取締役副社長の古田嶋徹さんが語ってくれました。これらのエピソードから同社の社員のモチベーションの高さがよくわかります。

そんな同社ですが、小森さんは、社員のモチベーションが低下していた時期もあったと教えてくれました。時代がそうさせたのかもしれませんが、販売ノルマを社員に課し、販売数拡大に取り組んでいた頃のことだそうです。しかし、社員一人ひとりを認めて、その人の提案を形にして見せてあげるようにし、会社がその社員の価値を認めるようになった時ぐらいから、今のようなモチベーションの高い会社に変わったと思うとのことでした。

モチベーションを高めるための代表的・ユニークな取り組み

同社は障がい児用ランドセルを積極的に製作する活動を行っています。障がい児用のランドセルを3タイプ用意していますが、特殊なものが必要であれば、その子の状況をヒアリングして製作します。時には身体の模型を作り、何度も作り直すこともあります。手間暇をかけ作ったランドセルは、ご本人やご家族にたいへん喜ばれ感謝されます。

価格は普通のランドセルとあまり変わらず、もっと高く売らなくて大丈夫ですか?と、お客様からご意見をいただくこともあるそうです。しかし、小森さんは、「私たちはこのランドセルを作り販売することで、お金では買えないものをお客様からたくさんいただいております。そういう大きな意味での損得でいうと、いただく分の方が多いのです」と言います。この点は社員もきっと同じ気持ちであると想像され、同社のモチベーションが高い理由であると思います。

また、被災された方や生活に困っている方にランドセルの寄付支援も行っています。東日本大震災当時、高学年のお子さんから「新品のランドセルは一年生みたいでイヤだ」という声がありました。それを聞き、4年生以上には新品ではなく中古のランドセルを全国から集めて修理し寄付することで、もとの持ち主の思いや修理した社員の思いも伝わる寄付となりました。

その他、先日81歳の社員が退職されたとのことですが、何歳までも働ける仕組み、結婚時のお祝い金(10万円)、社員の子どもへのランドセル贈呈、出生から高校入学まで節目でのお祝い金(合計で100万円)、従業員持ち株会、社員のクラブ活動への助成、研修費用補助や資格手当などの取り組みも行っており、その他の福利厚生制度も含め、社員にとって嬉しい制度でモチベーションに寄与しているものと思いました。

今後重視・充実したいモチベーションを高める取り組み

コロナが収束し、工場では社員旅行を再開しました。これまでは社員旅行の時間は、半分は勤務時間、半分は個人の休暇でまかなっていましたが、全て勤務時間に変更しました。この取り組みを今後も継続していきたいとのことです。格段に参加率が上がるし、工場従業員の社員旅行に参加した古田嶋さんは「皆が有意義な時間をすごせたのでは」とのことです。

本社のほうでは懇親会や誕生日会等をよく行っていますが、これも今までは17時からはじめて18時までで、30分は社員の持ち出しでした。これらをすべて時間内に行えるよう今後も継続していきたいと、小森さんは強く語ってくれました。

企業データ

社名▼株式会社協和　代表者▼代表取締役社長・小森規子　創業年▼１９４８年
所在地▼〒１０１―００３１ 東京都千代田区東神田２―10―14　日本センヂミアビル９階
主事業▼ランドセル、スーツケース、ビジネスバッグ、ファッションバッグの企画、製造、販売
従業員数▼２８０名（男性１６８名、女性１１２名）　平均年齢▼46・２歳　最年長▼76歳

承認欲求を刺激しながら、人間性を認めるダイバーシティ経営

株式会社障碍社（東京都町田市）

障害福祉サービス事業

「どんな障がいがあっても、自分らしく暮らしていくことが一番重要なことだと考えています」

そう語る安藤社長は、18歳の時、不慮の事故で頸髄損傷の怪我を負い、手足の自由を奪われました。しかし、「こんな社会で生きたくない」「この〝今〟を変えていこう」という強い志を持ち続け、2005年に「有限会社パーソナルアシスタント町田」を設立。〝自由　豊かさ　共生〟の社是と、それに基づく経営理念を追求し、重度訪問介護・居宅介護事業所、さらには資格講習や相談支援、就労継続支援B型事業所など事業を拡大し、2021年9月、「株式会社障碍社」へ社名変更しました。成長したからこそできることを考え、進化し続けている企業です。

モチベーションが高い要因

昨今、孤立や孤独の問題、介護や障害福祉サービスの担い手不足により、サービスを必要と

する人への支援が行き届かないなど、決して他人事ではない問題がたくさん起こっています。

そんななかでも、同社は「重度障がい者が自由に暮らす」「重度障がい者に就労の機会をつくる」「ヘルパーの社会的地位の向上」等のほか、「超一流企業を目指します」「多様性は可能性です、あなたは何ができるかを考えましょう」等々、オリジナルでメッセージ性の高い経営方針や理念を掲げ、実現に向けて同じ志を持つ社員、管理者層の一体感が、モチベーション向上に大きく関与しているように思います。

同社の障害福祉サービスの特徴の一つとして、セルフケアマネジメントがあります。一般的な訪問介護事業所との違いは、利用者がヘルパーを直接管理するという、その仕組みです。面接、採用、シフト管理、時給設定、賞与査定など、ある一定の責任と権限が、主体性を尊重して、事業所ではなく利用者に委ねられます。

それにより事業所の間接費が削減され、その削減した費用をヘルパーに還元し、ヘルパーの所得が増えることにつながりました。実際に、同社の30代社員の平均年収は５３０万円。厚生労働省調べによると、同業職種の平均年収と比較し高水準となっており、ヘルパースタッフのモチベーションが高い要因の一つであると考えられます。

雇用においては、年齢層、障がいの有無に関わらず、ダイバーシティの考えを重視し、個々人の働き方にも柔軟に対応しています。

「いろいろなスタッフが働いているが、誰一人として排除はしない。これは本当にうちの会社で自信が持てるところ」と、笑顔で話された安藤さん。

その魅力的な人間性、そして一人ひとりの個性や多様性を尊重するダイバーシティの考え方が、共に働くヘルパースタッフや事務局スタッフの自己重要感を高め、モチベーションアップに大きく影響しています。

モチベーションを高めるための代表的・ユニークな取り組み

同社の代表的な取り組みを二つ紹介します。

一つ目は、先にご紹介したセルフケアマネジメントです。利用者をお客様扱いにしない、お客様もまた組織の一員という考えに基づき、「理想の障がい福祉を追求する仲間」と位置づけ、「ユーザースタッフ」と呼んでいます。

ヘルパーの賞与においては、ユーザースタッフが生活を送る上で必要な介助がなされているか、そのサービス内容を評価基準とし、査定を行います。

しかし、労働対価は金銭面だけではありません。「感謝をたくさん伝える。ありがとうは0円」と話す安藤さん、当事者の生き生きとした暮らしを実現するために、ユーザースタッフからヘルパースタッフへ、感謝を伝える習慣も大切にしています。

電動車椅子で登山に挑戦されたユーザースタッフは、「皆がいなければ、当然登山を実現することはできなかった。私のような障がい当事者の社会参加は、多くの人の支えにより実現できている。支えてくださる方々の存在が、不可能を可能にする力につながっていることを、改めて実感する出来事だった」と、感謝の思いが詰まったエピソードを教えてくださいました。

そして、心身共に生活が安定し、就労意欲があるユーザースタッフは、同社に就職し、事務職をはじめ、営業所の管理者業務も行っています。

障がいが重くても、車椅子が必要でも、働ける職場環境であること。エンパワメントを重視した同社のセルフケアマネジメントで、多くのヘルパースタッフや事務局スタッフが多種多様な働き方を実現し、それがモチベーションの高いダイバーシティ経営につながっているのです。

二つ目は、スタッフのエンゲージメントを高めるため、「ＴＵＮＡＧ」というコミュニケーションポータルサイトを活用する取り組みです。

重度訪問介護は、24時間３６５日のシフト制のため、スタッフ全員が揃うことは難しくなっています。そこで、スタッフが通勤時や移動時でもサッと閲覧できるように、平日朝の9時に、安藤さんがヘルパースタッフと事務局スタッフの全員に向けてメッセージを配信しています。日々の様々な出来事に対し、経営層が感じたことや考えを投稿し、情報や価値観の共有をすることで相互理解を深め、それが円滑なコミュニケーションに役立っています。また、「ＴＵＮＡＧ」は、ヘルパースタッフや事務局スタッフの誕生日に、日頃なかなか会えないスタッフに向けて、お祝いメッセージとともに感謝の気持ちを伝えることにも活用されています。

同社では、このようなエンゲージメント性を重視し、一人ひとりの自己重要感を高め、社員のモチベーション向上につながるような視点も大切にされています。

今後重視・充実したいモチベーションを高める取り組み

今後重視することとして、子会社への分社や権限委譲など、様々な取り組みを考えています。特に、次世代への権限委譲を考えた時、年齢層によるモチベーションの違いや価値観について向きあわなければなりません。「若い世代のスタッフには、お金よりも正しさ、正しいことをしている気合いを見せて、令和の時代に即した内発的動機付け、承認欲求を刺激しながら自己重要感を与えていくことが大事」と、安藤さんは言います。

次世代への権限委譲やスタッフのモチベーションアップへの取り組み、そして障がいがあってもなくても自己決定を大切に、自分らしく生き生きと働ける共生社会の実現に向け、圧倒的当事者意識を強みとしたソーシャルイノベーションに、今後も注目が集まります。

企業データ

社名▼株式会社障碍社　代表者▼代表取締役・安藤信哉　創業年▼2005年
所在地▼〒194―0013 東京都町田市原町田4―18―6 マーブルパレス101
主事業▼居宅介護・重度訪問介護・就労継続支援B型・計画相談支援・放課後等デイサービス・資格講習事業・福祉用具販売など障害福祉サービス事業
従業員数▼269名（男性112名、女性157名）　平均年齢▼40歳　最年長▼84歳

先進的モノづくりで３００年企業を目指して

武州工業株式会社（東京都青梅市）

製造業

武州工業株式会社は、１９５１年の創業以来、自動車用熱交換器パイプと板金部品の製造を続け、現在ではパイプ加工というコア技術を用いて医療機器、航空宇宙、半導体関連等など、幅広い事業を展開しています。一人の技術者が材料調達、加工、納期管理まで一貫して行う「一個流し生産」で、高品質で効率的な生産を実現し、飛躍的に生産性を上げ、製造業の未来を先導している会社です。

「モノづくりで世の中の課題にチャレンジし続ける会社」をビジョンに掲げ、現在では社員１５０名すべて正社員、製造業でありながら女性比率は30％を誇り、「一個流し生産」を武器に、55年以上の連続黒字決算を続けています。

モチベーションが高い要因

製造業となると、いわゆる3Kをイメージされるのではないでしょうか。しかし、同社は営業職、現場技術職、研究職、事務職いずれの職務にしても、同業種に比べてモチベーションレベルが非常に高いのです。それは、筆者が同社を訪問する際に敷地前で待っていた時、笑顔で「先にご案内しますよ」と明るく声掛けしてくださった社員の方の良い雰囲気からも、十分すぎるほど伝わってきました。

モチベーションが高い最大の要因は、「遠く先の幸せな社会に、モノづくりを通して貢献する」という、明確な会社のビジョンがあるからです。創業70年を超え、55年以上連続黒字決算という事実が、それを証明しています。

驚くべきは、40年前から「8・20体制」を宣言し、1日8時間、一カ月20日勤務を実現しているということです。社員の労働環境を整え、経営利益の半分を賞与として社員と折半することが明示されています。

この結果を生み出す要因の一つとして、同社の特色である「一個流し生産」があります。グローバル化した時代、海外勢との価格競争が激しさを増す中でも、「この地域で生き残る」ためには、生産性を高め、高品質なものを作ることに尽きると考え、そのための工夫を凝らしてきました。

一般的に、製造業はライン生産のイメージがありますが、「一個流し生産」は例えるとラーメン屋の店主が一人で一杯のラーメンを作るイメージです。技術者を取り囲むように自社開発した設備を配備し、一人の技術者が材料の調達から加工、製造、検品まで9種類、完成までの全工程を担当。注文の都度作るため在庫は抱えず、在庫用の倉庫も不要。「多能工」としてのスペシャリストたちが生産性の大幅な向上に寄与しています。自社開発設備にすることで、標準設備に比べ省スペース、コストは4分の1、消費電力は2分の1に抑えることができます。

他にも、当時同業他社ではなかったコンピューターの導入から始まり、常にその時代の最先端技術を取り入れ進化を遂げてきました。現在では、スマートフォンアプリでの機械のデータ取得やＡＩ技術を駆使してさらに生産性が向上し、目標値以上の結果を実現することで、休日の確保の充実など社員のモチベーションアップにつながる、という好循環になっています。

モチベーションを高めるための代表的・ユニークな取り組み

同社では、社員教育にも力を入れています。20代の若い社員も多く在籍していますが、月4時間ほど、スキルアップや資格取得の研修を受けることができ、費用は全額会社負担としています。社内には自主学習できるスペースも設けてあります。

雇用においては、「地域の雇用を守る」ことを大事にしており、本社青梅市に近接する武蔵村山市含め、工場など3つの拠点は地域内にあります。また、１９９８年から毎日、会社前の道路の清掃活動「アタックＶ活動」を続けており、雇用を守り地域貢献を続けていく姿勢はしっかり地域に根付き、毎年安定して新卒社員が集まってくる要因の一つになっています。

また、先述したように女性社員の比率が30％と高く、女性が働きやすい職場環境が整っています。「産前産後休暇制度」では、予定日より6週間前、産後8週間の休暇を取得できます。その後の育児休暇は1歳6カ月になるまで取得でき、復帰率はなんと100％です。給与手当の面でも、お子さん一人目は月の給与に1万円の手当がつき、さらに二人目には2万円、合計3万円の手当がつきます。

ユニークな制度としては「班飲み会補助金制度」があり、事前に申し出ることで、一人当たり3000円の飲み会補助金が出ます。

このように、同社では社員の安心、幸せを追求するという考えのもと、様々な心優しい取り組みが行われています。

今後重視・充実したいモチベーションを高める取り組み

より良いモノづくりを目指し、「武州工業のデザインシンキング」企業ともコラボレーションしています。そこで大切にしている考えは、①思ったこと考えたことは〝誰か〟が発信する。②生まれたアイデアは「形にする」「やる」「結果を伝える」③過去を責めない、誇らない。過去は〝データ〟として未来に活用する、ということです。

部署や社内・社外といった枠にとらわれることなく、自由な発想・柔軟なコミュニケーション力で、これからも日本に根差したグローバルな発展を目指しております。名刺の裏には「武州工業のＳＤＧｓ」が刻まれています。そこには20もの宣言があり、どれも会社の「あり方」を明示しています。

１００年企業を目指す会社は多いですが、同社では「１００年では足りない、もっと遠くの未来を見据え、目指せ３００年企業」としています。その思いは2代目社長の林英夫さんから、2年前に代表継承した息子の3代目社長英徳さんへ、脈々と受け継がれています。武州工業の遠く未来を見据えたビジョンは、社員一人ひとりの目線を上げ、社員が自分事として社会に貢献していることを実感できる高いモチベーションにつながっていることは間違いありません。

企業データ

社名▼武州工業株式会社　代表者▼代表取締役社長・林　英徳（相談役・林　英夫）　創業年▼１９５１年
所在地▼〒１９８―００２５ 東京都青梅市末広町１―２―3
主事業▼自動車用金属加工部品、板金、プレス、樹脂加工、医療機器部品、航空宇宙産業、半導体関連等
従業員数▼１５０名（男性１１５名、女性35名）　平均年齢▼35歳　最年長▼72歳

みんなが主役になれる会社

製造業

フットマーク株式会社（東京都墨田区）

フットマーク株式会社は、１９８４年に「介助」と「看護」を組み合わせ「介護」という言葉をつくり商標登録しています。そんな同社の歴史は、戦後から始まります。

１９４６年、乳幼児向けのおむつカバーの製造卸売業として創業。戦後のベビーブームにより、おむつカバーの需要が大きく、順調に事業は推移していきました。

１９６０年代、使い捨ての紙おむつが欧米から日本に入ってきます。そこで同社は、小学校における水泳教育が開始されたことに注目し、おむつカバーで培った技術を学童用水泳帽の開発に転用し、その後、水泳関連の製品を次々と開発していきます。

１９７０年代、近所に住む方からの依頼があり、大人用のおむつカバーを製造したことがきっかけで、介護用品も開発。以降、子どもからお年寄りまでを対象に、「健康」をキーワードとした製品を展開しています。

モチベーションが高い要因

同社は、半数が20～30代の社員で構成されています。景気に左右されず、右肩上りの業績を保ち、社員がいきいきと働いています。同社には、「本気ですれば大抵のことはできる」、「本気ですればなんでもおもしろい」「本気でしていると誰かが助けてくれる」など「本気」を合言葉とした社風があり、ここからも社員のモチベーションの高さが伝わってきます。

そして、「自ら燃える社風目標」があります。目標になる人、手本になる人を全員で評価して社風目標を決めようという趣旨の取り組みです。直近では、「自ら考え、自ら行動できる人」、「考え方が前向きな人」、「いつ見ても笑顔な人」等の６項目の社風項目があります。

このほか、社員のモチベーションが高い要因として、社員の自己実現と達成感を生み出す仕組みがあると思います。

一つは、１／１（いちぶんのいち）の視点を軸とした製品開発。市場規模よりも、今、目の前にいるお客様一人ひとりの苦情や声を、丁寧かつ謙虚に受け止めて、一人でも必要としているお客様のために良質の製品を作っていくことを最優先にするという考え方を１／１の視点と表現しています。

「社員の想いを形にするのが一番の強みである」と、社長の三瓶さんは言います。すなわち、「こんな商品があると、お客様のお困りごとの解決ができるのではないか」という社員の想いを形にすることを会社がサポートし、社員の自主性を重んじたモノづくりを実現しています。

もう一つは、「目標実現経営」。30年ほど前から継続している取り組みです。会社目標を受けて、部門目標をつくり、それを社員一人ひとりの個人目標に落としこみ、売上高や各種利益高、在庫高等の数値を測定することで、成長度合いや達成度を実感できるようにしています。

目標実現経営の基盤は、毎年、社員全員で作成する『目標実現計画書』。目標を達成するために、①目標売上、②目標粗利益、③目標経費、④目標先行投資前経常利益、⑤目標経常利益、⑥目標在庫、⑦目標キャッシュフロー利益といった具体的な財務指標（数値目標）を明確にし、毎月の実績値を、締め日の5日以内に社員全員にオープンにしています。自分の頑張り具合をすぐに確認できることで社員の数字に対する感度が高まり、自主的に目標を達成しようとする好循環が同社内に定着しているのです。

代表的・ユニークなモチベーションを高める取り組み

社員は、どのようにして自己実現ができるのでしょうか？　事例を紹介します。

同社には、1／1の視点から生まれた「男女共用セパレーツ水着」という商品があります。これも、一人の社員の想いがカタチになった商品です。

ある日、ジェンダー問題で困っている生徒がいるという学校の先生の声を聞いた販売店さんから、相談の電話がかかってきました。そのお客様だけでなく、その後も何件か同様の問い合わせがありました。それを受けた社員の「このお客様のお困りごとを解決したい」という想いが、週一度の企画会議で取り上げられ、採用されました。

また、革のランドセルは重たいというお客様の声をうけて誕生した「ラクサック」という通学カバンがあります。革のランドセルの見た目に近いものが欲しい、雨に強いものが欲しいという声を聞いた社員が、すぐに改善を重ね商品に反映できる環境が同社にはあります。

このほか、社員のつながりを大切にして働きやすい職場環境を作るために、同社では毎年、部門をまたいでプロジェクトチームを編成して、選ばれた社員が組織課題の解決に取り組んでいます。その一つとしてインナーブランディングチームがあります。

活動内容の一つ目は、「ひとりひとり新聞」。同社が受け継いできた仕事の仕方や決まり事など、会社の価値観や大切にしていることを共有することを目的に発行しています。この新聞は、給与明細に同封して、毎月、社員一人ひとりに届けられています。

二つ目は、「キムラジオ」（社内ラジオ）。たとえば、コロナ禍で同社もテレワークが続きました。社員が、直接会う機会が減ることでお互いの良さを実感することも少なくなり、社員どうしが助け合う力が低下していきます。社員どうしの交流の機会をオンライン上につくり、コミュニケーションを図ることを目的とした取り組みを企画し、展開しています。

三つ目は、「フットマークチャンネル」（社内 Youtube）。社員の紹介を目的として、社員の仕事に密着し、趣味も紹介する動画を楽しく編集して社内で配信しています。繁忙期には声をかけなくても社員が助け合う……、社員の自主性や協調性は、こうした温かい大家族的な取り組みから生まれてくるのでしょう。

このほか、同社の特徴の一つとして、全員経営があります。一つの部門の人数を5人以下にして現場に決裁権を与え、社員の想いを形にするため、社員に主体性を持たせています。みんなが主役になれるのは最大でも一部門5人くらいだろうと、三瓶さんは言います。

今後重視・充実したいモチベーションを高める取り組み

三瓶さんは、「社内ベンチャー制度」と「体系的な研修」にもっと取り組んでいきたいと考えています。1／1の視点による自己実現の場や、全員経営の基盤の構築の延長線上に新たなモノづくりのための社内ベンチャー制度があり、その実現のために、体系的な研修も考えられています。「社員の自己実現をサポートするための社員教育」。そう語る三瓶さんは、フットマークという大家族の家長として、温厚で優しいまなざしで社員を見守っています。

企業データ

社名▼フットマーク株式会社　代表者▼代表取締役社長・三瓶　芳　創業年▼1946年
所在地▼〒130―0021 東京都墨田区緑2―7―12　主事業▼水泳用品、介護用品の企画・開発・販売
従業員数▼57名（男性35名、女性22名）　平均年齢▼39・9歳　最年長▼59歳

「共尊共栄」と「ありがとう経営」

株式会社武蔵境自動車教習所（東京都武蔵野市）　　教育、学習支援業

教習所といえば、一般に怖い教官のイメージがあり、お客様であるはずの教習生からは、早く卒業したいと思われるのが普通で、また来たいと思われることは稀ではないでしょうか。しかし、株式会社武蔵境自動車教習所の教習生の多くは、「卒業しても、また遊びに来たい」とお客様の声（アンケート）で答えているのです。

同社は、苦難を乗り越えて、現在の教習所を作り上げました。１９８９年、激化した組合問題が原因で、先代社長が自死。３代目に高橋勇社長（現会長）が就任しました。経営理念に「共尊共栄」を唱えて、社員と共に教育業からサービス業への転換を図ったのです。共存共栄ではなく「共尊共栄」としているのは、お客様・地域社会・仲間同士が共に認め感謝し、共に学び成長し、共に豊かになることを目指していることからです。

２００９年に高橋明希社長が４代目となり、２０２１年には年間利用者数都内１位を獲得し

ています。世代が代わっても、一貫した理念経営を軸に、「ありがとう経営」で進化し続けています。「また来たい」と言われるようになったのは、「お客様の一生の思い出をつくる」というビジョンを達成するために全員が試行錯誤して接客やサービスを提供しているからです。

モチベーションが高い要因

同社のモチベーションは、職種、性別、年代等を問わず、かなり高いレベルです。社員の方々との挨拶や会話からもそれがうかがえます。この背景には、同社の社員が自主的に楽しんで改善や工夫に取り組む社風があります。

例えば、入り口を入ってすぐのフロアの飾り付けを任された若い男性社員は、お客様に「楽しい教習所」と思ってもらうことを目的に、あの手この手で季節折々のデコレーションをしています。お客様からの評判が良いことはいうまでもありません。

なぜ、このように前向きに取り組めるのでしょうか。「経営理念を軸にしているところが我が社の最大の強みです。そこに使命感や好奇心を持つことで、継続するようにしています」と、社長は言います。できないところを直すよりも、良いところを伸ばすようコミュニケーションに努め、若い社員が自ら実行する環境を築いているのです。

さらに、同社の経営理念に加えて、二つの社風が礎になっています。一つは、感謝や人を褒める「優しさ・思いやりの風土」、もう一つは、会社が社員の挑戦を勧め、「社員の在りたい自分を応援する風土」です。

一般に、「人は人に話を聞いてほしいという欲求」がありますが、同社では、しっかりと社員さんの話を聞くことができるよう、全社でコーチングの勉強をしています。社長自らコーチとしての資格を取得し、管理職以上はコーチングの長期研修を受講しています。

また、朝礼や会議の際は一方通行のコミュニケーションになることが多いですが、それでは安心・安全・挑戦の場は生まれず、真の信頼関係は生まれないと考えたところから、朝礼で全員が発表できる場をつくっています。さらには、社内で握手をする習慣を持つことなど、メンタルとフィジカルでの繋がりをつくることが、同社のモチベーションが高い要因になっています。

モチベーションを高めるための代表的・ユニークな取り組み

同社は、人事理念として「出る杭は伸ばす」経営を、そして、自分のキャリアプランを自分で考える「自主性」を大切にしています。そのためには、社員が「自分はその組織の重要な一員であり、自分がどう在りたいか」を考えられるような環境を構築しています。

社員の自主性が発揮されるように、「お客様に喜んでもらおう、良い思い出になるようにしよう」という同社の思いが、施設内の至る所にちりばめられています。

安全のために大切な教習はしっかりと行う一方で、休憩スペースには、無料で使える酸素カプセルやネイルサービスまであり、特にネイルサービスは、予約でいっぱいになるそうです。「果たして、ここは教習所なのだろうか?」と思ってしまうほどです。楽しく思い出に残る場としての演出に、サービス業としての「いたれりつくせり」の姿勢が表れています。

また、同社では、社員の多様な働き方を実現しています。「働く社員の人生にはいろいろなイベントがある」……社長はこのような思いで社員と向き合っています。結婚、出産、育児はもちろんのこと、1年間会社を休んで海外に留学したい社員、仕事をしながら通信大学に通い学位を取得したい社員など、一人ひとりの様々なイベントを会社として応援しているのです。

また、70代後半の社員も、自動車整備や検定、教習の補助などで活躍。長年働いている彼らは、社員や会社を熟知しているので、自分たちで気づいたことを、自由に行動に移せるようにしています。定年について社長に尋ねると、「彼らが辞めたいと思った時」と即答されました。「常に100%の人生は無い。加速する時もあれば、ブレーキを踏むときもある。その事を受け入れる度量が経営者には必要。一方で社員へは、自由が受け入れられる環境とともに、そこに自己責任が伴うことも伝えている」と社長は言います。

今後重視・充実したいモチベーションを高める取り組み

進化が見込まれている「人工知能」と共生するために、社長自らがシリコンバレーなどで「人間活動とは何か」、「人間の強みは何か」について考え、「これからはもっと、人の優しさと創造性が育まれるようにしたい」と考えています。

そのために、社内ベンチャーを希望した社員が新規事業に取り組んでいますが、今後は「裏研制度」という会社の非公式な研究も応援し、本人の興味のあること、やりたいことを自由にできる仕組みが必要になることを予想しています。また、そのために、好奇心溢れる人の採用と知的好奇心溢れる社風を高めることを考えています。

また、「自分は組織で重要な人間である」と感じることが何よりも大切で、そのことを人財育成の基礎としています。コーチングや研修などの制度だけでなく、日々の仕事とふれあいを通して、自らも他者からも自分が重要な人財であるという「自己重要感」を高めることで、さらなる社員のモチベーションアップが図られるよう取り組まれています。

企業データ

社名▼株式会社武蔵境自動車教習所　代表者▼代表取締役社長・髙橋明希　創業年▼１９６０年
所在地▼〒１８０—００２２ 東京都武蔵野市境２—６—43　主事業▼自動車教習業務
従業員数▼２００名（男性１２０名、女性80名）平均年齢▼41歳　最年長▼79歳

給与も賞与も社員みんなで決める！　全員参加型経営

アクロクエストテクノロジー株式会社（横浜市港北区）　ソフトウェア業

アクロクエストテクノロジー株式会社は、神奈川県の新横浜駅近くにあるＩＴ企業です。「アクロクエストの創り出す技術とＶａｌｕｅで地球を感動で進化させる」というミッションのもと、現在はＡＩ／ＩｏＴやビッグデータ分析サービスなどの最先端システムのコンサルティングや開発を行っています。技術力と信頼性は高い評価を得ており、電力や携帯電話、高速鉄道など、国のインフラにかかわるシステムにも同社の技術が活かされています。

また、すべての基本となる社員の考え方として「価値ある人生を、価値ある仲間と、共に切り拓く」を社員理念として掲げています。一般的なＩＴ企業のイメージとはまったく異なり、経営陣も社員も和気あいあいとした温かみのある大家族経営の会社です。

モチベーションが高い要因

同社が経営で最も重要視していることは、みんなが意見を言えることです。相手が上司でも自分の意見をはっきりと言うように指導されます。

この風習は創業のきっかけの一つとなった、社長の新免流(しんめんりゅう)さんの前職の苦い経験に由来します。会社の発展を願って勤務先の社長に仕事の受け方を変えるよう本気で進言したのですが、「若造のくせに」と聞き入れてもらえなかったのです。この経験から「社員が自由に意見を言える会社にしよう」という考えを大事にしています。

同社は、「株式会社働きがいのある会社研究所」が認定した「働きがいのある会社」ランキング（従業員22～99名部門）で第1位を3回も獲得するなど、自他ともに社員のモチベーションが高いと認める会社です。同社の取り組みを学びにくる他社の方と、社員の立ち振る舞いや雰囲気は大きく違い、そのモチベーションの違いを実感します。

ソフトウェア開発企業の組織の成熟度を表す国際的指標CMMIレベル3を取得する際にはこんなエピソードがあります。認定取得のためには通常業務を一部停止する必要があり、多大なコストがかかります。会社が大変な状況であることを知った社員たちは「CMMIレベル3を取得するのは社員全員の総意」と、なんと自発的に夏のボーナスを返上したのです。

また、創立記念日の食事代は社員たちが自ら支払います。会社が費用を払おうとしても「会社が今まで続いてきたのを喜びたいのは社員のほう」というのです。「心の在り方」が近い社員たちが多く、それを行動にして示すことができているのです。

モチベーションを高めるための代表的・ユニークな取り組み

創業時の「社員が自由に意見を言える会社にしよう」という思いは今でも変わらず、次のような取り組みで、全員参加型の経営を続けています。

MA（Meeting of all staff）は全社員が参加し、だれでも提案ができ、発言権を持つ会議です。そして全員が納得するまでとことん話し合われます。自分が出した意見が採用されて、明日から即実行できるとなれば、当然モチベーションは高まります。

だれもが提案できる人ばかりではないですが、会社の方向性を決定する場に同席し、意思決定に参加したというプロセスも大事なのです。「決める」という権限を与えることで、社員の本気を引き出すことができるといいます。

Ｈａｐｐｙ査定３６０も全社員が一堂に会し、お互いを評価しあい、納得の上で査定を決めるという取り組みです。社員にとっては1年に1回、自分の成長ポイントがわかる場であり、今後1年どうしていくか、自分でも考えるし周囲からもヒントをもらえる機会となっています。

査定のやり方は、時とともに変化をし続けています。現在は出社と在宅勤務が混在する働き方であるため、どのようにして一体感を出すか、工夫を凝らしています。

人財採用にも特徴があります。ほぼすべて新規学卒者採用で、動画配信などで手厚い会社紹介を行い、様々なことを全員で決めるオープンな社風に共感できる人に入社してもらいます。中途採用希望者は同社の高い技術力に魅力を感じ、社風に目を向けないことが多いため、避けています。これまでの経験から社風に合わない社員を教育するのは至難の業と感じたためです。

入社後も社員の素質に任せるだけでなく、フォローアップを充実しています。内定の段階からの研修で新人でも自分の意見を言えるようになり、会社への関与が実感できるため、特に若手社員のモチベーションは非常に高いです。

上長との対話のほかに、メンター制度などで、何が不満なのか話をしっかり聞く体制があり、自分がケアされている意識も持つことができます。一人ひとりに合わせ苦手なことは強要せず、得意なことを延ばすための課題を与えるよう心掛けています(特性能力主義)。70人という人数だからこそ、全員が見えるといいます。

今後重視・充実したいモチベーションを高める取り組み

これらの取り組み自体がモチベーションを高めるのではなく、経営層が社員を思い行動する姿勢が共感を生み、自然とモチベーションが高まるのだと思います。今後も共感できる新規学卒者社員を採用し、共に社風を育てていくことが、同社にとって最大の取り組みといえます。

企業データ

社名▼アクロクエストテクノロジー株式会社　代表者▼代表取締役・新免　流　創業年▼１９９１年
所在地▼〒２２２—００３３ 横浜市港北区新横浜３—17—2
主事業▼ＡＩ／ＩｏＴなどの最先端システムコンサルティング、開発
従業員数▼70名（男性64名、女性６名）　平均年齢▼35歳　最年長▼68歳

社員の笑顔あふれる未来を創りだす

株式会社栄和産業（神奈川県綾瀬市）

輸送用機械器具製造業

株式会社栄和産業は、１９７４年に横浜市に創業後、１９８１年に綾瀬市に移転し、土棚工場をスタートさせました。現在までに綾瀬市に２拠点、静岡県沼津市に１拠点、この３拠点で計14工場を稼働させています。

これらの拠点・工場では、建設機械（ショベルカー等）のエンジンフードやバスのパネルフロントルーフといった比較的大型の部品の試作・量産に対応しています。プレス用金型の製作、部品組立、二次加工、測定・検査および治工具の設計等、多種多様な製造技術を駆使して柔軟かつ効率的に生産しています。

大型部品のプレス加工・溶接を得意とし、最新設備と職人技による一貫生産体制で、お客様のご要望に対応します。特に、プレス加工において最も難しいとされる深絞り加工には、他社ではまねができない高度の技術が蓄積されています。

モチベーションが高い要因

同社は「ダイバーシティの力で笑顔あふれる未来を創り出す」を企業理念として、社員の士気を高め、日々ものづくりと、向き合っています。その企業理念が指し示す通り、社員一人ひとりの能力や個性を尊重することが、企業として成長するための原動力であると考え、障がい者雇用をはじめ、若手社員の雇用・育成、外国人労働者の雇用にも積極的に取り組んでいます。

とりわけ障がい者雇用には力を入れ、平成26年度より実習の受け入れを開始し、２０２３年までに１６０名を超える実習生を受け入れています。障がい者雇用率は11％と、国が定める基準よりもはるかに高い水準であるとともに、工場では障がいの有無、国籍、性別、年齢にかかわらず、多様性を持つ従業員が生き生きと働いており、工場を訪れるだけで、従業員のモチベーションの高さが感じ取れます。

高いパフォーマンスを発揮できる環境は、人財の多様性だけではなく、誰でも対等な関係で関わり合い、一人ひとりが自分らしい貢献を実感できる企業文化の中にあります。お客様から信頼される仕事・必要とされる仕事ができる人財であれば、そこに境界線はなく、平等に仕事をする場を提供しています。このような同社の考え方は、全社員と共有するだけでなく、求職者についても同様に発信し、入社前から同社の考え方の共有がなされているのです。

伊藤正貴社長は「企業理念でつながれている社員は、そうでない社員より高いモチベーションを維持できているようです」と、モチベーションが高い要因を分析されています。企業理念や社訓に対して一切ブレない言動がそのような文化を育んでいるのでしょう。

また、同社の鈑金仕上げは機械で自動的に行えるものではなく、どうしても手作業が必要となります。その高い技術から生み出された製品は海外でも使用されるほどですが、責任あるその手作業は入社歴が浅い社員も担当します。一人で最後まで任された社員は不安も感じますが、その達成感に大きなやりがいを感じ、それがモチベーションを高める要因にもなります。

そのように入社歴の浅い社員にも責任ある仕事を任せられるのは、同社の技術の継承が上手くいっているからに他なりません。その技術の継承には、ベテラン、中堅、若手のバランスが重要で、そのバランスが取れている同社だからこそ、高い技術力が保たれています。つまりは先輩から後輩への技術の伝承が文化となっており、その技術の伝承を通じて、社員間のコミュニケーションはより活発となり、良い仲間意識が生まれ、それがさらに高いモチベーションを保つ要因になっているのです。

また、技術継承の一つとして、ジョブローテーションを実施しています。従業員の多能工化を主な目的とし、役員候補にオールラウンダーになってもらうなど、戦略的に行っていますが、部署に縛られない柔軟な体制がトラブル解決にもつながっています。

ジョブローテンションについて、伊藤さんは「デメリットは特に感じません。メリットは目的が明確なので数多くあります」と語っています。このような様々な制度が社風となり、従業員のモチベーションを高めることにつながっています。

モチベーションを高めるための代表的・ユニークな取り組み

同社には、年に1度、「全従業員から社長への手紙」という制度があります。

毎年6月ごろに全従業員から社長へ手紙が届くのです。その内容は多岐にわたり、同社で勤務していることへの感謝や、プライベートな家族の悩みなど、実に様々です。「稀にA４の用紙一面にダメ出しをする従業員もいます」と苦笑いしながら伊藤さんは、打ち明けてくれました。そのような従業員からの手紙を通じ、従業員とコミュニケーションを取ることで、職場環境の改善につなげています。従業員が直接、社長へ本音で手紙を出せる同社ならではの風土が、社員のモチベーションを高めている要因の一つであることは疑いようもありません。

また、同社は、「あやせ未来塾」の取り組みに賛同し、運営の協力をしています。これは、同社に51名在籍している外国籍の人財と近隣企業の外国籍の社員さんの為に開講されている日本語教室です。母国語しか話すことができなくても仕事をすることができますが、仕事だけでなく日本で充実した生活を送ってほしいとの想いから始めました。

さらに、２０１７年に名刺事業部が設立されました。重度の障がいを持つスタッフでもこなせる業務がないかと考え、新たに設立した部署です。このような会社の正しい姿や、社会の課題に対する社会性の高い事業を行うこともまた、社員のモチベーションを高める効果を担っています。

今後重視・充実したいモチベーションを高める取り組み

同社は、社員がその能力を発揮し、仕事と生活の調和を図り働きやすい環境の整備を行うための行動計画の策定を行い、育児・介護休業取得者を増やすことを目標としています。具体的な取り組みとして、以下の４項目を掲げ、実施しております。

①育児・介護休業の取得について資料掲示にて周知　②女性管理職育成研修に参加　③毎週１日ノー残業デーを設定　④女性同士の交流する機会を意識的につくる

今後も多様な「人財」が働ける会社として事業を展開しながら、様々な社会課題にも対応し、地域社会の発展、ひいては日本経済の発展に貢献したいと考えています。

さらに、伊藤さんは「物価高騰の嵐はすさまじく、賃金は上げていかなければと思っています。そして、企業理念や社訓で結ばれる関係をより強固にしていきます」と、ブレない強い決意を示されました。

企業データ

社名▼株式会社栄和産業　代表者▼代表取締役・伊藤正貴　創業年▼１９７４年
所在地▼〒２５２—１１２５ 神奈川県綾瀬市吉岡東４—15—５
主事業▼輸送用機械製造業、鈑金・プレス加工
従業員数▼１７５名（男性１４０名、女性35名）平均年齢▼38・６歳　最年長▼79歳

「働く意味」を障がいのある社員と共に真剣に考え、挑戦し続ける

株式会社リンクライン（神奈川県小田原市）　化粧品製造販売業

株式会社リンクラインは、情報処理サービスを営む親会社コムテック株式会社の特例子会社として、人事総務部長だった神原薫さんが中心となり、２０１０年に設立しました。親会社の障がい者法定雇用率をクリアするためでした。

しかし、神原さんたちは、立ち上げ当初から、親会社からの下請け業務や助成金に頼るような「採算度外視」の経営はしないと決め、「福祉と事業の両輪の実現」を目指しました。

リンクラインは、純国産、純植物由来、純ハンドメイドを中心とした〝見て飾って使って楽しめる石けん屋さん〟です。作り手であり、日本が世界に誇る〝職人〟としての匠の技を形にするのは、28名の障がいのある社員たちです。機械工業品に真似できない精巧なものである上、多種多様なデザインがあり、プレゼントとしてもたいへん人気です。

創業7年目に立ち上げた自社ブランド「Iriliri（リィリィ）」は、「一人ひとりの力は小さくて

も、手を取り合えば大きな力を生む」という思いが込められています。障がい者が頑張っているからではなく、2回目も買いたいと思ってもらえる商品として、数多くのお店で取り扱われ、また、各メディアで取り上げられています。

障がい者の社会的な〝真の自立〟を目指し、働くことの〝喜び〟を一緒に分かち合いながら、障がい者と社会のつながりを実現すべく、日々飽くなき挑戦を続けています。

モチベーションが高い要因

同社のモチベーションレベルを聴取すると、製造ラインの第一線で働く障がいのある社員のモチベーションはかなり高く、働くことに真剣です。なぜなら、彼らは、働くことの意味や目的を強く感じながら仕事をしているからです。

自分たちの親がいなくなったとき、頼れなくなったときに、自分たちはどうしなければいけないのかを考え、今から自分で働いてお金を稼ぐ力を身につけようと、懸命に働いているのです。

障がいのある社員のモチベーションが高い要因は、経営者・管理職・指導員が、自社の戦力として、障がい者を力強く育てようと、覚悟と責任をもって全力で携わっているからです。

障がい者に働ける場所があることは、決して当たり前なことではありません。彼らが自分で自分の給料を稼げる、普通の暮らしができるように、一人の同じ人間としてチャンスを提供し、彼らの将来や親亡き後、社会の中でしっかりと自活できるようになることを、経営者らが自分事として考えているのです。

創業メンバーのひとり、専務取締役の青野真幸さんは、腹部の不調に悩まされ、一時期は人工肛門（ストーマ）を造設し、身体障がい者となっていた時期がありました。自身が障がい者となったことで、「本人にしかわからない苦労、不安が間違いなくある」ことを体感。「人間は一人では弱い。だからこそ、つながりを大切にし、互いに手を差し伸べ、力を合わせることが大切」と、より深い愛情と情熱をもって、障がいのある社員に寄り添われています。

働くということを考えれば、福祉就労的な「利用者（障がい者）さんたちを守る」という視点だけでなく、一般就労として、社会人の基本行動の徹底を教えることが必要です。

入社後に指導することは、まずあいさつや返事からです。組織の中で働く素地ができてからでないと、石けんを触れるようにはなりません。それらは、社会人として必要なことであり、誰もが備えているべきことです。

その後も、確認と報告、毎朝、自分で立てた目標を振り返るノートの記録、それらを継続して実施できるよう支援をしているのです。作業内容も、いろいろな作業種目と工程があり、本人の能力と希望をうまく組み合わせて、やりがいや働く意欲をもって働ける仕組みをつくっています。

モチベーションを高めるための代表的・ユニークな取り組み

石けん工場では、全員が作業服にマスクとヘアキャップを着用し、真剣に石けん製作に取り組んでいます。黙々と難しい作業に集中しているので、誰が障がい者で誰が健常者なのか全く分かりません。

様々な作業に携わっているため、障がいのある社員同士で教え合うこともあります。教え合うことで、「自分で考える」ことにもなり、その上、その人の成長にもつながります。さらに、お互いの信頼関係や協力意識も高くなり、何でも言える組織風土・お互い様の組織風土が育まれるのです。

また、新商品開発の際などは、新たな作業を担当したい人は手を挙げて立候補します。普段の働きぶり・興味・ポテンシャルを見て、新たな仕事にチャレンジしたいという成長する意欲のある人には、チャンスを与えます。

障がいのある社員たちとも、半年に一度面談を行い、この半年でできたことを一緒に振り返り、成果は個人業績に反映しています。節目ごとに、働くことの意味を見つめ直すこととなるのです。

障がいのある社員の、誇りとやりがいを持って仕事をしている姿勢は本当に素晴らしく、今では、親会社コムテックの新入社員・中途社員研修や、本社クライアント様の見学場所にもなっています。障がい者たちの働く姿を見ることで彼らの技術のすごさや、「働く」とはどういうことなのかを感じることとなり、企業イメージの向上にも貢献しています。

今後重視・充実したいモチベーションを高める取り組み

２０１７年に、障がい者の長期的な就労訓練を目指し、多機能型福祉サービス事業所「こころね」を開設。ここの支援員を、リンクラインで働いている障がいを持つ社員から選出し、管理者業務にチャレンジしてもらっています。障がい者の人たちの働く場の支援員という新たな仕事に挑戦し、給与もアップしています。

神原さんは、「障がいのある社員の彼らにしかできない仕事の価値を高め、持続性をもって働き方を改革したい。石けん製造業に留まらず、障がい者の持つ可能性を開花させ企業の価値を高めたい。働きたいと思う人が当たり前に働ける場の提供と、自己実現可能な社会を築きたい」と熱く語ります。こうした経営者の思いが、同社の社員のモチベーションを高めています。

企業データ

社名▼株式会社リンクライン　代表者▼代表取締役・神原　薫　創業年▼２０１０年
所在地▼〒２５０―００５３ 神奈川県小田原市穴部５４７番２号
主事業▼化粧品製造販売業、清掃業務、就労継続支援Ｂ型事業、一般事務
従業員数▼35名（男性17名、女性18名） 平均年齢▼38歳　最年長▼56歳

地域との共生を楽しむ風土が人を育む

岩塚製菓株式会社（新潟県長岡市）

食品製造業

岩塚製菓株式会社は、雪深い新潟県岩塚村で、二人の創業者によってつくられました。冬に出稼ぎをしなくても生活ができる産業を興したい、との思いが創業の原点です。農産加工品を通じて地域とともに生きるという強い思いが、のちの米菓開発へとつながりました。

創業時から原材料にこだわり、国産米を１００％使用した高品質な米菓を製造し続け、日本の伝統的な食文化である米菓の美味しさを、喜びや豊かさとともに国内はもとより、世界に向けて提供している会社です。「農産物の加工品は原料より良いものはできない、だから良い原料を使用しなくてはならない」という創業以来の信念が、現在も貫かれています。「お米となかよし」というミッションステートメントのもと、お米との対話を続け、自社製粉の差別化を図るなど、加工技術へのこだわりが特長です。

社員は、親子三世代や夫婦で働いている事例がいくつもあり、同社への愛着が強く、仕事に対するモチベーションの高さがうかがえます。

２００４年の新潟県中越地震で、同社は大きな被害を受けました。自宅が被災したにも関わらず、会社の稼働を優先に考えた多くの社員が工場にかけつけ、復旧作業を行いました。地域の人から助けられながら、短期間で見事に復旧したことは、モチベーションの高さを裏付けています。

社員のモチベーションが高い要因

もっとも大きな要因は、創業の原点でもある「地域の人が出稼ぎにいかなくてもよい、周年雇用できる事業を展開してきたこと」にあります。従業員８５９名のうち、正社員は90％、パート・再雇用スタッフは10％です。ただし、パートタイマーも無期雇用です。ほとんどが地元雇用で、地域とともに成長してきました。

同社には、困った時はお互い様で助け合う「岩塚精神」が根付いています。豪雪地帯で生まれた会社であるがゆえに、その精神が定着したこともありますが、創業以来、代々にわたって大切してきた価値観が、同社の風土となりました。大所帯となった現在も家族的な雰囲気は失われておらず、経営者と社員の距離も近く、「共に憂い共に楽しもう」の社是通りの経営を行っています。

関越自動車道で、大雪により多くの車両が立ち往生した時、同社の商品を配送する運送業者のドライバーが、積んでいた商品を困っている他のドライバーに配ってまわりました。そのドライバーのアイデアを、本社の担当者が了解し、すぐに行動に移したのです。社長がそれを知ったのは、なんとテレビ報道の後でした。ドライバーに至るまで岩塚精神が浸透し、同社の風土が関連する人々も巻き込んだ企業文化を生み出しています。

代表的・ユニークなモチベーションを高める取り組み

同社では「人＝財（タカラ）」との考え方で「人財」と表現しています。人財育成のため、農薬や肥料に頼らない米づくりをする「自然栽培米プロジェクト」や、北海道東川町などとのパートナーシップ協定に基づいて東川米を利用するなど、生産者と共に農業の活性化に力を入れています。原料である米を大切にし、その母体である日本の農業や地域経済、自然環境への取り組みが積極的に行われ、事業の源を大事にする同社の考え方が人財育成にも根付いています。

働きやすさにおいては、１分単位で勤怠を計上することで残業時間が減り、社員は家族のもとへ早く帰ることができるようになりました。また、工場ごとの飲み会や1泊２日の社員旅行など、大家族のような取り組みが数多く取り入れられています。これらの多様な取り組みにより、年間休日数１１２日（有給休暇を除く）、月間所定外労働時間16・５時間を実現しています。

また、役員同士のコミュニケーションも密に行い、１週間に1回はミーティングの機会を設け、経営についての意思疎通を円滑に図っています。経営陣は足しげく現場に出向き、社員と語り、話を聞き、それを役員間で共有し、経営に反映させていく仕組みです。役員を通して、現場からストレートに意見が上がってくる文化が根づき、同社の健全な会社経営の基盤となっています。

今後重視・充実したいモチベーションを高める取り組み

同社の取り組みは社会性が高く、その実現が社員のモチベーションへつながっています。国産米を使って日本の農業を活かしていく取り組みや、東日本大震災などの震災被災地への支援活動は、さらに社員の成長へつながりました。これまでの米菓の垣根を越えた新しい商品の開発および生産を進め、国内だけでなく「米菓」を「ＢＥＩＫＡ」として世界に発信していく新たな取り組みは、社員のやりがい、生きがいをより高めています。

同社のこれまで、そしてこれからの取り組みには、根本に岩塚精神があります。創業の心を大切にし、受け継ぎ、次につないでいきたいとの思いです。また、「飲水思源」という言葉で、これまで受けてきた恩を忘れないとしています。

創業者、地域社会、社員とその家族、今ある姿の元となっているもの全てへの感謝が、同社のこれからの取り組みを生み出し、それによりさらに社員のモチベーションが高まると期待されます。

企業データ

社名▼岩塚製菓株式会社　代表者▼代表取締役会長ＣＥＯ・槇　春夫　代表取締役社長ＣＯＯ・槇　大介
創業年▼１９４７年　所在地▼〒９４９−５４１４　新潟県長岡市飯塚２９５８番地
主事業▼米菓の製造並びに販売
従業員数▼８５９名（男性４８２名、女性３７７名）　平均年齢▼43歳　最年長▼73歳

制度化しないことで社員の自主性や個性を引き出す

フジイコーポレーション株式会社（新潟県燕市）

産業機械製造・農業用機械製造業

フジイコーポレーション株式会社は、新潟県が世界に誇るモノづくりの町、燕市にあり、除雪機や農業機械を製造している歴史ある企業です。設立は1950年ですが、古くは慶応元年（1865年）に藤井勇七氏が西蒲原郡小池村にて、「勇七」と称した脱穀用の千歯の生産が創業の始まりです。

ビジネスの特徴は、農機具の開発・製造・販売の歴史から長年培った技術を応用し、小ロット・多品種の除雪機をラインナップとした、特殊用途市場向け（障がい者向け）にも対応した製品をつくっています。現在、自社開発製品は全体の6割を占めています。なかでも除雪機は、世界的に有名なフィンランドのサンタクロース村からも公認されています。

モチベーションが高い要因

同社は今まで様々な賞を受賞した実績があり、2012年には第4回「ものづくり日本大賞」優秀賞を受賞しました。その時の審査員からの紹介を受け、2度のチャレンジを経て、第5回「日本でいちばん大切にしたい会社」大賞審査員特別賞を受賞しています。

5代目社長の藤井大介さんは「人は幸せになるために生きている。そのためには仕事と家庭の両立が必要」、また、「商売繁盛なくして家庭の幸せはなく、家庭の幸せなくして商売繁盛はない」という考えで企業経営を実践しています。なぜならば、繁忙期には家庭に迷惑がかかるからです。男性社員の比率が9割弱ですが、驚くべきことに、育児休暇の取得率は、なんと100%。運用ルールをあえてつくらず、社員同士がお互いのことを考えて休暇を取得するなど、うまく制度が活用されています。

同社には、当たり前のようにお互いに支え合う文化がある一方、自ら進んで考え行動する風土も醸成しています。支え合いと自主性のバランスがとれた心理的安全性の高い職場環境ができ上がっています。その結果として、7・4%という低い離職率にも納得できます。

人財雇用に関しては、障がい者を雇用することは当たり前。また、どんな国の人も差別はしない、「親切にされることでその国が好きになるでしょう」と藤井さんは言います。年齢や性別、人種など多様な人財が活躍できる、まさにダイバーシティ経営を実践しているのです。

皆が幸せに働ける環境で、様々な人財が集まり、個々の能力が発揮できることで、社員のモチベーションが向上している。それが原動力となって社会性の高い事業の拡大やグローバル展開にもつながっています。

モチベーションを高めるための代表的・ユニークな取り組み

モチベーションを高めるために様々な取り組みを実施していますが、基本的な方針は、「文書化や、制度化はできる限りしない」ことです。「制度よりもテーラーメイドの社風がモチベーションを高めることができる」と藤井さんは言います。それは、社員全員に目を配りつつ、一人ひとりと向き合う個別対応を大切にしながら事業の利益率を高めていくことが、経営者として最も重要なことだという考えの表れです。

ここで、市場の変化に対応するために、多様な人財を受け入れる企業文化を大切にしてきた同社の取り組みを紹介します。

従来、除雪機や農業機械の利用は男性が主流でしたが、女性や高齢者の利用も増えてきました。また、事業では市場に支持される製品を生み出すための視点が必要となりました。そうした背景のなか、女性が活躍できる企業を目指し、新卒活動の採用や職場環境の整備などを行いました。

その結果、女性が様々な部署で活躍しています。とりわけ、情報発信や海外展開分野において、ホームページの作成や運用を女性が担当することでアクセスが増加するなど、高い評価を受けています。また、語学堪能な女性営業の販路開拓により海外の取引先が増加しました。

また、女性の育成の機会創出もしっかりと実行されています。具体的な内容では経済産業省の女性リーダー研修への参加。アメリカ国務省への３週間にわたる研修の機会を女性営業職社員にオファーしたところ、積極的に参加したのです。社員がキャリアアップできる機会をつくり、モチベーションの向上を図る。新たな人生観や価値観を与えてあげたいという藤井さんの想いです。

人財活用は女性だけではありません。障がい者や外国人も積極的に雇用していますが、高齢者雇用を通じた人財活用もモチベーション向上に大きな影響があります。70歳まで現役で働ける職場づくりを行っているため、全社員のうち60歳以降の高齢者比率が13・４％ほどとなっており、最高齢は77歳です。

特に60歳以上の社員の自分の経験を伝えたい、残したいという想いが強いため、モチベーションがかなり高いです。そこで、社員全員を対象にした「モノづくり道場」と称した技術理解の社内研修を開設し、その指導には経験豊富な高齢者を起用。彼らの経験や体験を生かし、全社員に「モノづくりの心」を習得させ、さらに高齢者の威厳の維持にも寄与しています。

このように多様な人財の登用、個々の知識やノウハウを活用し、能力を最大限発揮できる取り組みが、社員の高いモチベーションにつながっているのです。

今後重視・充実したいモチベーションを高める取り組み

コロナ禍で予測ができない世の中。しかし、同社には、なんでも言える風土と、お互いを助け合う文化があります。そのなかで、今後は現在の社員数を維持しながら、ニッチトップ戦略で製品の優位性や付加価値を高める。社会性の高い仕事をしているというプライドを社員に持ってもらう。そんな揺るぎない方針を藤井さんは打ち立てています。

さらに、真の働き方改革も実現していきたいという想いで、管理職の長時間労働の改善への注力、また、アニバーサリー休暇や女性社員への感謝の夕べなどはしっかりと継続しつつ、さらなる福利厚生の充実に取り組んでいきます。以前は実施していた社員旅行も再開し、社員みんなが楽しめる新たな取り組みを検討しています。

社員は家族という考えで、社長は社員に寄り添います。そして、社員の幸せを追求する家族の大黒柱のような経営者のもと、自分の能力を十分に発揮することで、モチベーションがさらに高くなっていくことでしょう。

企業データ

社名▼フジイコーポレーション株式会社　代表者▼代表取締役・藤井大介　創業年▼1950年
所在地▼〒959－1276 新潟県燕市小池285　主事業▼産業機械製造、農業用機械製造
従業員数▼113名（男性99名、女性14名）　平均年齢▼51歳　最年長▼77歳

物づくりは人づくり、人づくりは物づくり

株式会社マルト長谷川工作所（新潟県三条市）

作業工具製造業

同社は、作業工具メーカーのパイオニアとして、創業百年を迎える企業です。１９２４年、長谷川藤三郎さんが、締ハタ（クランプ）、小農具、大工道具等の製造を三条市で開始し、藤三郎の名前の一字「ト」を丸で囲んで「マルト」を創業しました。１９４３年、株式会社マルト長谷川工作所と改めています。現社長は、長谷川直哉さんで、４代目となります。

三条市は江戸時代から続く、全国有数の金属製品の一大産地です。特に刃物類は高い品質で知られ、現在では「Sanjo Japan ブランド」として海外でも評価されるようになりました。この刃物づくりの伝統が、同社の中に脈々と受け継がれています。産業・工作用で使われる「ＫＥＩＢＡブランド」の工具と、ＭＡＲＵＴＯブランドのネイル・美容向け商材の二つのブランドで商品を展開。製品の７割を世界30カ国に輸出しています。

社員のモチベーションが高い要因

同社の社歴と理念づくりが礎となってモチベーションが良い状態に維持されており、社員はとても礼儀正しく、当たり前のことを当たり前として行動しています。

同社の歴史は長く、創業理念として「地域とともに歩む大家族主義」、「常に新しいことに挑戦する」、「物づくりは人づくり・人づくりは物づくり」の三つを掲げています。

百年企業を目指して、２０１１年に、全社員を巻き込んで「企業理念」づくりに取り組みました。４回にわたり地域の体育館などの施設を借りて、１００名を超える社員全員が参加する研修を実施。創業以来、さまざまなピンチと向き合ってきた同社。「ピンチをチャンスにして今日がある」ことを受け止め、同社のありたい将来の姿を、社員全員で思う存分話し合いました。「みんながハッピーになれる会社をつくろう」、「みんなでつくるからみんなの理念」、「みんなの会社」というように、理念づくりの研修を通じて一体感が形成されていきました。そして「やる気のある明るい笑顔の会社にしたい」という方向性にたどりついたのです。

約一年半の時間をかけて生まれた企業理念は、人づくりと物づくりを柱とする「一人ひとりが輝く人づくりでつながりと感謝の心を育みます。世界を駆けめぐる物づくりで、縁のある全ての人を幸せにします」。物づくりを通じた人づくり、そして自ら考え自ら行動する。そんな全員参加型の経営が社員の自律性を高めるモチベーションにつながっています。

同社は、リーマンショックの時、大きく売上が下がり、３期連続の赤字となりましたが、全社員を出社させ、雇用調整の休業もせず、自社内で研修を行い、ピンチをチャンスととらえ、一人もリストラすることなく、給与を払い続けました。「過去にリストラをした経験がない」と社長の長谷川さんは言います。このように、同社には、大家族のような温かさがあり、社員が安心して働ける、自ら考え、自ら行動する風土が構築されています。

代表的・ユニークなモチベーションを高める取り組み

同社は、自社工場での一貫生産を通じて安定した品質を実現しています。入社すると、３カ月間、工場の全工程のラインで物づくりを実習。営業や総務に配属された社員もです。そのため、全社員が、自社の物づくりを理解しているので「うちは、全社員が職人なんです」と長谷川さんは誇らしげに語ります。大家族としての仲間意識が自然に生まれる仕組みがあるのです。

また、毎年、課ごとに方針と目標を明確にして、全員で翌年度の経営計画の目標数値を作成し、経営計画に基づく毎年の方針を社員手帳にして全員に配布しています。この計画書に基づき、四半期ごとに全員参加のレビューを実施。社員が常に、自社がどのような状況なのかを確認し、対策を検討しているため、つねに結果を我が事としてとらえ、仕事と向き合う風土が定着しています。

「うちの社員は、真面目なんですよ。お客様の目に見えないところでも手を抜くと品質に現れるものです。社員は、手を抜くことができない。突き止めれば突き止めるほど、人間は正直で真面目になります。いいものを作っているといい人間になるのです。そして人間もまっすぐになります」と、社員をまるで我が子のように温厚な表情で語る長谷川さん。「物づくりは人づくり、人づくりは物づくり」という企業文化が、そのまま社員の行動に現れているのです。

同社は、２０２２年に熱処理工場を建設し、稼働を開始しました。ここはオープンファクトリーで、見学者向けに工程を解説するボードが設置されていますが、社員が自らの意思で、「鋼は嘘をつかない　正直に正しく熱処理を　人間力を磨き　技術を高める」とメッセージを発信しています。誰からの指示もなく、職人が自ら考えて、見学者へ、職人としての意気込みを伝えているのです。長谷川さんも後から知ったと言います。

このほか、同社の工場には、金魚・熱帯魚などを飼っている水槽や多くの植栽があります。その一つひとつに、育てている社員の名前と、育てる上での注意事項が書かれた札が添えられています。これらはすべて社員の自発的な行動によるもので、自分が休んでも、他の社員が、どのように餌やりや水を与えたらよいか、わかるようにしているのです。

実は、リーマンショック直後に、１００名を超す社員全員を3回に分けて、いい経営をしている企業に見学に行ったことがきっかけになっています。そこで、自発的に掃除をしている社員の姿を目の当たりにして、社員の美化・清掃・環境に対する意識が高まったといいます。

「いいものを作っていけば人間もまっすぐになる」、「自分の会社、みんなの会社」も、社員からのメッセージ。職人が7割を占める同社において、社員の経営への参画意識が高い企業です。

「人づくりは物づくり」を通じて、工場の現場でカイゼン活動を継続しながら、人財育成に力を注いでいます。

今後重視・充実したいモチベーションを高める取り組み

長谷川さんは、社員の社会貢献活動や環境保護活動等を支援する制度、経営計画書等での社員キャリアプランの明示、社員の家族への支援制度、アニバーサリー休暇制度をもっと充実させたいと考えています。これらに共通しているのは、社員の成長と幸せを願う気持ちです。

そして、社員が経営のアンテナを磨き、燕三条の職人の「技術」と「創意」と「工夫」をもってビジネスで勝ち残り、永年にわたり継続する企業を目指しているからでしょう。そのためには、大変な時にこそ力を発揮するための腕を磨いておけるように、社員の成長を第一に考える社長の姿がありました。

企業データ

社名▼株式会社マルト長谷川工作所　代表者▼代表取締役社長・長谷川直哉　創業年▼１９２４年
所在地▼〒９５５－０８３１ 新潟県三条市土場16－1
主事業▼作業工具製造販売（KEIBAブランド）、理美容品（MARUTOブランド）製造販売
従業員数▼１２７名（男性92名、女性35名）平均年齢▼44・6歳　最年長▼69歳

めっき加工業

仕組みやイベントを巧みに用いたマインド向上

清川メッキ工業株式会社（福井県福井市）

清川メッキ工業株式会社は、電子部品や自動車部品など、様々な素材に多種多様なめっき加工を行う会社です。１９６３年に「清川メッキ工業所」として清川忠会長が創業し、２０２３年には創業60周年を迎えます。オートバイ部品のめっき加工から始まった同社は、研究開発を活発に行い、現在ではナノサイズのめっき加工を行うほどの高い技術力を有しています。

加工に課題があるお客様から相談を受け、高い技術力で課題解決をするという方針で成長を続けています。自動車部品・電子部品・医療関係など様々な相談が数多く来るため、営業のための部署を置き価格で仕事をするという必要がなく、安定的な利益を確保しています。

モチベーションが高い要因

同社は「自由なる創意の結果が、大いなる未来を拓く」という経営理念を掲げています。

「自由なる創意」によって難しいめっき加工を可能にしていますが、そのためには社員の高いモチベーションが必要不可欠です。現在、離職率1％程度とかなり低いですが、90年代は高い離職率でした。このままではいけないと、イベントを巧みに活用するなど、様々な取り組みを行った結果、社員の仕事へのマインドが向上し、社員一人ひとりが活き活きと働いています。

モチベーションが高い一つ目の要因は、業務のマニュアル化です。ひと昔前のめっき加工は、職人の経験と勘をもとに行っていました。そのため、優秀な職人であればあるほど、仕事が集まります。せっかく新しい社員を採用し、優秀な職人に教育をお願いしても、職人は仕事をこなすだけで精いっぱいで、新人の教育に時間を取ることができませんでした。加えて、言葉でわかりやすく伝えることに慣れていないため、新人は分からないことがそのままになり仕事をこなすことができず、自信をなくし辞めてしまうという状況がありました。

その状況を打破するため、職人の経験や勘とされていたノウハウを言語化し、マニュアル作成に取り組みました。ただ職人に依頼せず、若手を中心にチームを結成し、多くの業務内容をわかりやすく文章化しました。当初はあまり協力的でなかったベテラン社員も、ノウハウを共有することで自分の技術を会社に認めてもらえることを理解してもらい、より自発的に貢献してもらえるようになりました。また、マニュアル作成により人材の教育がスムーズに進むとともに、「この人にしかできない仕事」がなくなりました。これにより、仕事が重なって休めない状況や職場環境を改善できました。

二つ目は「めっき教室」です。離職率が高かった時期は、残った社員の士気が下がりました。社員の士気向上を考えた結果、社員の家族を会社に招き、めっき加工の原理を社員が先生となって教える機会をつくりました。実際キーホルダーにめっき加工をわかりやすく行い、お土産として持って帰ってもらいます。子どもたちは化学変化を目の当たりにして大喜びです。「めっき教室」と名付けられたこの催しのおかげで、社員の家族は、社員が会社でどのような仕事をしているのかが分かります。これにより家族の理解が進み、社員を後押ししてくれる体制をつくることができました。

また「めっき教室」は現在、地域の小中高大学校の依頼で、出張教室も行っています。回数を重ねるにつれて、地域貢献の意識も育むことができました。「めっき教室」の先生役の社員は、比較的若手が対応します。マニュアルは存在せず、小学生でもわかるように自分で説明の仕方を考えるため、若手の知識の向上にもつながります。

三つ目は、新入社員が日々取り組む「新入社員研修日誌」です。初めて職場を経験する新入社員は、何が分からないのかが分かりません。新人には毎日三つの質問を、3カ月記入するよう指導しています。これにより日々の様々な課題に、自主的に考えながら取り組む姿勢が身につきます。質問には、若手の先輩が翌日までに回答しなければなりません。迅速かつ的確に後輩に回答するため、今までの知識を振り返り、あらためて調べることもあります。このやり取りは、先輩社員にとってもスキルアップするとても良い機会になります。

代表的・ユニークなモチベーションを高める取り組み

新入社員は今までと全く異なった環境で働くことで、職場になじめるか不安に感じることが多々あります。そこで、なるべく早く職場に慣れてもらい、先輩社員との人間関係を構築するためにいくつもの同好会活動を実施。その一つに「よさこい同好会」があります。

採用の段階で、すべての新人に「よさこい同好会」への参加の了承を求めます。新入社員は、8月の福井市の夏祭りに先輩方とよさこいを披露します。本番の2カ月前の6月から練習が始まります。毎週2時間、先輩方と練習に汗を流します。新入社員の中には、踊りを披露する経験が全くない社員もいますが、悪戦苦闘しつつ、必死に練習をします。本番に笑顔いっぱいで一生懸命踊ることで、参加している社員は皆で連帯する喜びを共有し、感動します。

「よさこい同好会」の活動を通して、社内の人間と何か一つのことに挑戦し、成し遂げる経験ができます。入社時は緊張した表情だった新人社員が、本番が近づくにつれ笑顔を見せる機会が多くなります。これにより、職場や会社に慣れるきっかけができるのです。また、本番で踊る様子を新入社員のご家族にも見てもらうことで、連帯感のある職場で働いていることを理解してもらえます。会社で働く後押しを家族にしてもらうきっかけとなります。

今後充実したいモチベーションを高める取り組み

2023年に本格的に運用し始めたのが、コース別キャリア制度です。これは、社員が自分で働き方を選択できる制度です。一概に会社で働くといっても、どのような働き方をしたいのかは社員によって異なり、ライフステージによっても変わっていくことが考えられます。コースを四つに分けることで、どの程度自分がスキルアップをしたいのか選択できます。

コースを選択した後も、別のコースに変更することも可能です。例えば夜勤シフトがあり、かつスキルアップしやすいコースを選択していた社員が、結婚、育児をするため夜勤のないコースに変更することもできます。育休取得後に子育てがひと段落するまで、時間的拘束が少ない働き方を選択し、家族で協力して子育てができるようになるのです。子どもが保育園に入ったら、夜勤シフトのある働き方、またスキルアップできる働き方へ戻ることもできます。

同社では、すべての社員が一人残さずそれぞれのライフステージで活き活きと仕事に取り組み、スキルアップできる環境を整備しています。この取り組みは始めたばかりで明確な成果はまだ出ていませんが、今後、実感としてモチベーションが上がることを目指しています。

企業データ

社名▼清川メッキ工業株式会社　代表者▼代表取締役社長・清川　肇　創業年▼１９６３年
所在地▼〒９１８—８５１５ 福井県福井市和田中１—４１４
主事業▼電子部品、マグネット、半導体ウエハをはじめとする各種材料への電解めっきおよび無電解めっき加工
従業員数▼３５０名（男性２３９名、女性１１１名） 平均年齢▼37・４歳　最年長▼77歳

障がい者とともに未来をつくる

株式会社ウェルテクノス（岐阜県大垣市）

情報通信業・福祉サービス業

株式会社ウェルテクノスは、働くという機会に恵まれていない障がい者や難病者が経済的に自立できるよう、障がい者と企業双方に対して働きかけを続けている会社です。

創業者の服部義典さんは、５歳までの生存確率が５％～13％である先天性の心疾患を伴っており、身体障害者手帳１種１級の重度障がい者でした。服部さんは、働く意欲があり働けるにもかかわらず、障がいを持つゆえに就職できない仲間たちと自分自身のために会社を設立。社員より給料は少なく、社員とその家族の幸せをいつも一番に考えて長年障がい者雇用の創出に尽力してこられました。

惜しくも２０１６年12月19日に永眠され（享年45歳）、現在は服部さんの姉の田中真由美さんが会社を引き継いでいます。

社名の「ウェルテクノス」とは、welfare（福祉）、vertex（頂点）、そして、technology（科学技術）からなる造語です。「技術を生かして、福祉の頂点を目指す」という意味を表します。

具体的な業務内容は、コンピュータシステム開発の情報通信業と障がい者（雇用）支援の福祉サービス業です。

モチベーションが高い要因

現在でも、服部さんが採用した社員のほとんどが在籍しており、勤続年数10年以上の社員が全体の90％以上を占めています。これは、良い人柄の良い仲間が集まり、協力し合うことができる職場環境が整っているからでしょう。

一般的に、就労支援施設と聞くと、ストレスが多く収入は少ない、離職率が高い職業だと思われがちです。しかし、同社の直近の離職率は０％であり、モチベーションレベルを調査した際には、男性も女性も高いレベルであることが明らかになりました。これは一般企業と比較しても非常に高いレベルです。

その要因として、社員一人ひとりが障がい者に対して、就職までの手厚いサポート、仕事に関する知識や能力の向上、そして職場で自立できる就労支援を、一気通貫で行えるよう権限移譲を行っていることが挙げられます。社員への権限委譲が進むことで、社員の仕事に対する責任感や自由度が高まります。これが社員のモチベーション向上に寄与しています。

それによって、創業者である服部さんが描いた、障がい者と企業を結びつける架け橋となるという起業目的が、社員全員にしっかりと浸透しているのです。このように、全員が同じ方向を向いていることが、モチベーションが高い最大の要因だと言えます。

モチベーションを高めるための代表的・ユニークな取り組み

社長の田中さんが実施している取り組みが二つあります。

一つ目は、会議で現場の意見に耳を傾けることです。この取り組みは、非常に効果的なモチベーション向上策といえます。統計によると〝仕事が忙しい、部下と会う機会が少ない〟などを理由に、幹部が社員の声に耳を傾けている企業は実際のところ少ないようです。しかし、社員の声を直接聞くことで、彼らの意見や提案を尊重し、迅速に対応することができます。それにより、社員も自分たちの意見が価値あるものと認識し、仕事に対する熱意を高めるのです。

同社では元々、本社である大垣事業所に管理者として任せられる施設長がいたため、社長の田中さんが直接顔を出して会議に参加することはありませんでした。しかし、施設長から「一カ月に一度は大垣事業所に来てほしい」と依頼され、毎月の会議に参加するようになりました。

田中さんが会議に参加し、直接社員とコミュニケーションを取ることは、組織全体の一体感を高め、社員のモチベーションをさらに引き上げる効果があります。これは、リーダーが自分たちの仕事に関心を持っている、自分たちの貢献が認識されている、と感じさせるからです。

社員の満足度とモチベーションを向上させ、組織全体の成功につながる、このような取り組みは他の組織でも参考になると考えます。田中さんのようなリーダーがいれば、組織は確実に前進するでしょう。

二つ目は、「定着支援」です。

同社では、障がい者が自立して働くための知識と能力の向上に向けた訓練施設として、「ウェルテクノスジョブトレーニングセンター」を運営しています。健康管理などの基礎から就職活動の準備、就職活動、そして就職・定着支援までの四つのステップを踏み、それぞれのステップで必要な訓練を社員がサポートしています。障がいを持つ方々が成長していく姿を間近で応援し、最終的に職場で定着することができたとき、サポートした社員自身のモチベーションもまた、高まるそうです。

このような地域による定着支援は、今後も非常に重要なポイントとなると指摘されています。訓練から就労、そして定着までには多くの時間が必要です。社内だけでなく、広範な地域での理解と協力、そして何よりも障がいを持つ人々を支えていく姿勢が重要なのです。

私たちは皆、必ず年を取り、高齢者になり、障がいを持つ可能性があります。決して他人事ではありません。私たち一人ひとりが、今からできることをやっていく必要があります。

「私たちがやらない、やれない良いことをしている人を見つけたら、私たちがすべきことはその人を支援することです。私たちは決して傍観者であってはならない」。このような考え方を共有できていることが、同社の社員のモチベーションを高めている大事な要因だと言えます。

今後重視・充実したいモチベーションを高める取り組み

「服部さんの会社だからこそ、ここまでやってこられました。年齢が止まるのであればずっと、会社の仲間たちと仕事がしたい。これからもウェルテクノスの全員を全力で守っていきます」と、田中さんは笑顔で話されます。

今後、コロナ禍の影響で開催できていなかった懇親会を開き社員間のコミュニケーションを深め、さらなるモチベーション向上につなげていきたいそうです。

さまざまな取り組みから、服部さんの想いを引き継ぎ、今後も社員一丸となってお客様、利用者、そして社員を幸せにする企業、地域社会に貢献できる企業を目指す、という強い意気込みが感じられました。私見ですが、ウェルテクノスのように、障がい者雇用で輝く企業が増えていくことを心から願っています。

企業データ

社名▼株式会社ウェルテクノス　代表者▼代表取締役・田中真由美　創業年▼2006年
所在地▼〒503―0898 岐阜県大垣市歩行町2丁目57番1号カーニープレイス大垣ビル3F
主事業▼情報通信業・福祉サービス
従業員数▼10名（男性5名、女性5名）　平均年齢▼49・5歳　最年長▼62歳

日本一安全で活力ある現場創りを全力で応援します

向陽信和株式会社（岐阜県土岐市）　足場仮設リースサービス・仮設設備リースおよび販売

向陽信和株式会社は、岐阜県土岐市に本社を置く、仮設足場・仮設設備リースサービス業です。

設立は1997年、現経営者が脱サラしスタートしました。古澤社長と現在も在籍する従業員の2名でスタートした同社も、現在は従業員数58名と成長発展しています。

また、東日本大震災時においては、震災直後から岩手県陸前高田市に入り岩手県内に300戸の応急仮設住宅を設置しました。その工事に携わった地元の建設業者から、進出を依頼されたことがきっかけで、岩手支店も設立しました。

2021年9月にはアシタルグループの一員となり、建設関連の他業種とのグループ一体経営により、今後の事業発展を目指しています。

モチベーションが高い要因

同社が提供している足場・仮設サービスは、企業によって部材や工法に大きな特徴や優位性があるわけではありません。一番大切にすることは、安全を担保することやスムーズに仕事を進めることで、お客様に気持ちよく接することが顧客の信頼につながり、次の案件でも選んでもらうようになることです。

ほとんどが外仕事で夏は暑く、重いものを持ち、身体が資本の重労働であり、長時間労働が当たり前の業界でした。

しかしながら、同社の社員のモチベーションに関するヒアリング調査では、男女・雇用形態・年齢問わず、全体的にモチベーションは高く維持されています。特に、事務職や女性・管理職が、かなり高い結果になっています。

会社は社員の生活を支えるモノであって、お客様にとってなくてはならないモノという考え方から、同社の経営理念は「全ての従業員が将来に希望を持って安心して働くことが出来る会社創り」です。

社員から、希望が持てない・安心して働けないと言われることは、全て経営者の責任だと古澤社長は考えています。常に経営者が社員を気遣い、社員の対場に立った言動を通して、多くの社内制度で具現化されていること、様々な取り組みを社員への愛情をベースにして戦略的に行うことで、同社の社員のモチベーションは高く維持されているのです。

モチベーションを高めるための代表的・ユニークな取り組み

同社が社員のモチベーションを高めるために実施している取り組みの主な特色は、「成長を促す仕組み」と「従業員だけでなく、社員の家族を大切にする取り組み」ですが、ここで代表的な取り組みを紹介します。

足場は建物が完成すれば回収してしまい、納めるものではありませんので、若干の施工ミスがあっても、そのミスを指摘し、その場で手直しをすれば問題がありません。失敗から学ぶことが成長につながるといわれますが、足場を施工するという仕事は、若くして失敗ができて、そのミスを知識に変えて日々成長しながら職人として成長できることが、この仕事の魅力だと古澤さんは話します。

まず、教育訓練は社員一人平均9万円程度の費用を掛け、技術と意識の向上を図ります。

新入社員は入社後2泊3日の外部研修を受け、社会人としての最低限のルールや社会のマナーを学びます。その後も、定期的に学習の機会が与えられます。その結果、同業他社に比べて全従業数における職長の人数が多く（約15名）、このため、利益率の高い工事を複数同時に受注・施工することが可能です。

事務職は在宅勤務にするか出社するかを自分たちで決めることができます。日々の業務の見直しも事務職を中心に行われ、その裁量は大きく、社内課題の解決と社員のモチベーションの維持に貢献しています。ちなみに、同社の管理職は、女性と男性の比率が同じです。

さらに、社員だけでなく、家族への配慮も欠かせません。家族参加のレクリエーション企画が充実しており、年に１回の社員旅行の家族同伴にはじまり、夏祭りを兼ねた家族感謝祭や、こども参観日の実施、日帰りバス旅行、忘年会などの開催を通じて、会社と家族との接点を多く持つことで、仕事に対する理解や日々の家族への感謝の気持ちを伝えることができています。社員や社員の配偶者の誕生日には、会社からケーキが支給されます。

子連れで出勤することも定着しており、子供たちが職場のキッズスペースで遊んだり、宿題をすることも珍しくない光景です。

外国人就労者に対しては、総務社員と交換日記を行い、日本語が不自由なため、言葉では表せない不安や悩みを伝える機会になり、日本語の上達にも役立ちます。また、現在は円安傾向なので、母国に仕送りする際に目減りするため、円安対策で給料を割り増しして支給もしています。

今後重視・充実したいモチベーションを高める取り組み

過去には社員の不慮の事故もあり、自社の安全管理体制を見直しましたが、その一方で建設業界の慣習もあり、中小企業が単体で改善することの限界を感じていました。

そうしたことにより、建設関連業界の他業種とのＭ＆Ａにより、業界の抜本的な課題解決に取り組むべく、アシタルグループの一員となりました。これからは、グループ会社とは良いライバル関係として、〝安心して働き続ける〟業界づくりを進めていきます。

グループ他社の同役職者との交流の機会が増え、感じることや学ぶことによる成長の機会が増えました。今後は、社員にも経営参画意識を強く持ってもらうため、会社が直面している、いずれ訪れる問題を全従業員で共有し、その解決へのプロセスを討議する機会を充実させています。

ともあれ、社員からは「古澤社長に育ててもらった」、「古澤社長のように信頼される人間であり続けたい」といった声が多く、様々な取り組みが、同社の社員のモチベーションを今後さらに高めていることは間違いありません。

企業データ

社名▼向陽信和株式会社　代表者▼代表取締役社長・古澤一晃　創業年▼1997年
所在地▼〒509−5142 岐阜県土岐市泉町久尻2431番地17
主事業▼足場仮設リースサービス・仮設設備リースおよび販売
従業員数▼58名（男性50名、女性8名）　平均年齢▼33歳　最年長▼68歳

「障がい者と一緒に働くことが当たり前の世界」をつくる

社会福祉法人ステップワン（静岡県御殿場市）　就労継続支援B型事業所の運営

ステップワンは、1997年、施設長の根上豊子さんが「働きたくても働く場所のない障がい者に、働く喜び・働く幸せを提供したい」との思いで設立した社会福祉法人です。

主事業は、折り込みポスティング事業やリーフレタスの水耕栽培などです。その他、県営住宅周辺の草刈り作業など、行政からの依頼も積極的に受注し、「施設を利用する障がい者へ、工賃を1円でも多く払いたい」という強い思いで、様々な事業に挑戦しています。

モチベーションが高い要因

事業所の雰囲気や、社員の方々にお話を伺う中で、一人ひとりが責任感を持って仕事をしていることを強く感じました。言われたからやっているという感覚ではなく、仕事を自分事として捉えているのです。

これは「障がい者に、働く喜び・働く幸せを提供したい」という根上さんの思いを、社員全員が共有しているからこそでしょう。そのため、同法人で新しく発売する商品のほとんどは、発案者が社員です。障がい者（利用者）の仕事を創出するために、社員から「こんな商品を作りましょう」と、どんどん新しい提案が生まれています。

根上さんは、「毎日1時間ミーティングを行い、社員間で密にコミュニケーションを取っています」と話してくれました。さらに、月1回の全体会議では、パート社員も含め全社員が参加し、事業の進捗状況や障がい者（利用者）の状態などを共有します。このような透明性の高い経営、社員の参画意識を高める取り組みが、社員のモチベーションの高さに影響を与えています。

また、社外に協力者が多いのも大きな力になっています。創業時から行っている障がい者雇用の啓蒙活動に影響を受けた方々、根上さんの考え方に共感する方々が多くいます。その方々が奉仕活動に協力したり、同法人の商品を購入したりしてくださるのです。このように、社員が事業の意義を感じやすい環境にあり、このこともモチベーションの向上につながっています。

就労技術が身についた利用者が、一般企業へ就職できるケースもあります。利用者が一般企業に就職できるのは、とても嬉しいこと。しかし、実際には、もう一緒に働けなくなってしまうという寂しさもあります。それは、根上さんをはじめとする社員の方々が、利用者に愛情をもって接しているからこそ生まれる感情でしょう。

障がい者を雇用するときに大切なことは、障がい者の良いところを見つけられるかです。悪いところを見るのではなく、良いところを探すという習慣は、社員同士のコミュニケーションでも実践されています。お互いの良いところを見るという風土が、モチベーションを高いレベルで維持することに寄与しています。

モチベーションを高めるための代表的・ユニークな取り組み

代表的な三つの取り組みを紹介します。

一つ目は、利用者に一流を経験してもらうことです。例えば、宝塚や劇団四季などの舞台公演を観に行きます。スカイツリーができたときには、すぐに全員で見学に行きました。利用者だけでなく、社員も一流に触れることで、精神的なリフレッシュになっています。また、創造力がかき立てられ、新しい商品開発のヒントにもなります。

演劇などの鑑賞旅行は、健常者であれば当たり前にできることですが、障がい者となると、移動などに制約を受けることがあります。しかし、障がいがあっても当たり前のことが当たり前にできるようにしたい、という思いで実施しています。

二つ目は、外部の人に多く来社してもらえるようにしていることです。例えば、近隣中学校の学生就労体験の受け入れ、企業とのボランティア交流などです。

企業で働いている方にボランティアとして来てもらうことで、利用者は人と接する機会が増え、刺激になります。社員も普段の取り組みや思いを言葉で伝えることで、業務内容を整理することができ、自信にもつながります。参加者からは「障がい者への理解が深まった」「今後の障がい者雇用のヒントになった」と好評です。

三つ目は、小さな進歩を喜ぶことです。利用者は成長のスピードに違いはあっても、必ず成長していきます。些細なことであっても、昨日までできなかったことが今日できるようになったときに、皆で喜ぶことがモチベーションにつながっています。

同法人は、根上さんや社員の方々の取り組みによって、利用者の工賃が県内トップクラスの水準です。そして、その工賃は全社員が共有できるようになっています。「利用者の工賃を1円でも多く払いたい」という思いを共有できる環境づくりが、さらにモチベーションを高めています。

今後重視・充実したいモチベーションを高める取り組み

根上さんは、「利用者にどれだけ愛情をかけられるかが大事。その上で、今後は経営計画書の作成に一人でも多くの社員に参画してほしい」と語ります。すでに高いレベルで社員の参画意識が根付いている同法人ですが、さらに磨きをかけ、普遍な風土とすることが狙いです。

また、普段から感謝はしていても、文字や形で残していないので、社員間のコミュニケーションをより密にするため、感謝を伝える場を設けていきたいと考えています。

「障がい者と働くことが当たり前になる世界をつくりたい」。この代表者の熱い思いと強い信念が、社員のモチベーションを高めることは間違いありません。そして、私だけ、自社だけ、という部分最適な考え方ではなく、関係者・近隣の方々をはじめとした全体最適で経営をすることが、さらにモチベーションの向上、事業の発展に寄与していくことでしょう。

企業データ

社名▼社会福祉法人ステップワン　代表者▼理事長・根上豊子　創業年▼１９９７年
所在地▼〒４１２―００３９ 静岡県御殿場市竈１３９０‐４
主事業▼就労継続支援Ｂ型事業所の運営（ポスティング事業、水耕栽培等）
従業員数▼25名（男性13名、女性12名）平均年齢▼53・7歳　最年長▼76歳

笑顔と感謝の輪をつなぐ

株式会社スマイルリンク（静岡県裾野市）

保育園・障がい福祉事業

株式会社スマイルリンクは、創業者の野村社長が、閉園が決まっている保育園から助けを求められ、「保護者と子どもたちを守らなければ！」との想いで、2018年に設立しました。「笑顔と感謝の輪をつくる」を経営理念に、関わる全ての人の笑顔を引き出し、元気を与え、感謝できる私たちであり続けること、そして物心両面の幸福の追求を続けています。

設立時に3人だったスタッフは現在では39人に増え、事業所を拡大。「ひだまり保育園haguu」「こころね保育園hagu」「むすびの保育園hagu」の三つの小規模保育事業A型に続き、2024年2月には、児童発達支援制度の障害児童通所支援を展開しています。

モチベーションが高い要因

「ひだまり保育園hagu」を訪れた際、保育士の皆さんはもちろん、子どもたちも保護者の皆さんもイキイキとした表情をしており、優しく穏やかな明るい空気が流れていました。

「ダイアログ（対話）を大切にしています。そのためには全社員の誰からも一番近い場所、どんな情報も最短の距離で届く『真ん中』に代表が存在するようにしています」と、社長の野村さん。仕事に対する責任感と自由度が高いこの言葉から、経営者と社員との距離が近く、なんでも話せるお互い様の組織風土を感じます。そして、成果を正当に評価する経営が社員のモチベーションの向上につながっているのです。

また、社員からは、地域・社会貢献に熱心でＳＤＧｓにも積極的なこと、顧客や地域住民、取引企業等から感謝される社会性の高い仕事内容であること、社員間の競争がないこと、経営の透明度が高く、経営や業績が安定的に高いことなども挙げられました。

同社では毎年数回、社員の個別面談等を実施し、一人ひとりのキャリアプランを明確にしています。社員やその家族の生活に寄り添った多様な働き方や多彩な法定外福利厚生制度、そして、夢と希望を感じる経営ビジョンに基づく経営が実践されているのです。

モチベーションを高めるための代表的・ユニークな取り組み

社名の通り、同社は笑顔をつなぐ役割を担っています。「ｈａｇｕビジョンマップ」には、社員、保護者、子どもたち、障がい者、取引会社、地域など、一見関係なさそうな人たちでも、みんなで手をつなぎつながっていく姿が描かれています。その中心に同社が存在し、ビジョンマップを通して理念が浸透し、社員のモチベーション向上につながっているのです。

特徴的な「こねくと事業」は、簡単に言うと「つないでいく事業」です。「諦めないで、子どもたちの能力と可能性を最大限に引き出したい」、「障がいのある子どもたちの将来はどこにあるのか」、「障がいがあっても働くことはできる」、「私たちにもつなぐことはできる」という熱い想いでスタート。「保護者と障がい者と地域と社会が、つなぐ・むすぶ・つむぐ」という想いを込め、就労支援や地域貢献などを中心に活動しています。その一例として、障がい者施設からの物品の購入、給食のパンの発注など、積極的な支援をしています。

「5年前、5人の勇者たち（子どもたち）との出会いから始まりました」と、野村さんは声を震わせます。保育園に通う子どもたちに対して、当たり前のように皆同様に接するのではなく、一人ひとりの個性に寄り添い、諦めることなく支えることの大切さに気付いた、と。当時、周りの誰もが「歩けない」と思っていた女の子が、医療チームと連携してサポートすることで、卒園までに歩けるようになったのです。

「こねくと通信」では、ご家族の未来の不安を少しでも解消したいという目的で、素晴らしい取り組みをしている就労支援先の情報を提供。出向くことも多く、直接支援も始めていきます。

その他、誰かに届く恩送り「福島ひまわり里親プロジェクト」や「日本とタイの保育園をつなぐプロジェクト」、障がい者の方々がつくる素敵なものを多くの人に買ってもらう仕組みづくり、ｈａｇｕブランディングのための「つむぎふと」製作などにも挑戦しています。

ちょうど同社を訪れた当日、大手食品メーカーが主催する「給食コンテスト」で同社がグランプリを獲得したとの連絡が入りました。「こうして評価をいただくことで、給食をつくってくれている社員の自信や誇りにもつながります」と、野村さんは嬉しそうに話してくれました。

今後重視・充実したいモチベーションを高める取り組み

障がいや発達に特性がある子どもをサポートする通所施設の放課後等デイサービスを２０２４年春にスタートします。そして、社員の頑張りを褒める機会となる各種表彰制度や、社員のエンゲージメントやウェルビーイングを知るための社員幸福度調査、いろんなアイデアを汲み上げる社内公募制度、プライベートも大切にするアニバーサリー休暇、より一層深く交流できる店舗別社長との直接対話タイムや社員イベントなどを充実していきたいとのことです。

中長期的に見た重要経営課題は、「人財の確保」の一択でした。現在はクリアしていますが、重要な課題であると捉え、待ちの姿勢ではなく、ＳＮＳなどでの発信を大切にしています。

離職率が０％の同社に「どのような採用をしているのか」と質問しました。

「選考～入社までの間に、深くダイアログ（対話）を繰り返しています。このダイアログにより、入社する頃には理念の浸透はもちろん、その人がこれまでの人生で抱えてきた不安や悩み、悲しい出来事、乗り越えてきたことまで理解して受け入れ、一緒に泣き、心からの信頼関係を築いています。生きていくうえで起こる課題や壁を経験していない人より、課題や困難を乗り越えた人、今もその真っ只中の人の方がよい」と、野村さんは言います。

失敗しない人や一見辛いと思える経験を避けてきた人は、違う事象によって乗り越えなければならない課題や壁がやってきます。もちろん越えられるように支援しますが、「越えるんだ！」と内発的動機で前に進むことが重要です。そのためには、様々な経験者である方が、子どもたちやご家族の気持ちの理解が発展しやすくなります。

「私たちは、子どもたちやそのご家族が何かを乗り越えようとするとき、気持ちを理解して、寄り添い、諦めずに応援できる存在でありたい」と野村さん。対話を通して相手を深く知り、理解し続けることで、社員もまた取り繕う必要なく、すべてをさらけ出して自然体で輝けます。信頼できる関係性があるからこそモチベーションが高く、離職者もいないのだと納得しました。

野村さんの優しく温かいお人柄と、エネルギッシュなチャレンジ精神からどんどん湧き出るプロジェクト。社員みんなが参加してダイアログを繰り返していく姿が頼もしく、どんどん笑顔と感謝の輪をつないでいく同社の今後の活躍が本当に楽しみです。

企業データ

社名▼株式会社スマイルリンク　代表者▼代表取締役社長・野村由希　創業年▼２０１８年
所在地▼〒４１０―１１１８ 静岡県裾野市佐野２９５―１　主事業▼小規模認可保育事業
従業員数▼39名（男性1名、女性38名）　平均年齢▼33歳　最年長▼53歳

ひとりのお客様の満足と、ひとりの社員の幸せ

株式会社たこ満（静岡県菊川市）　製菓製造販売業、ベーカリーの運営、カフェレストラン

株式会社たこ満は、今から70年前の１９５３年創業、１９７７年に法人化した、静岡県菊川市に本社を置く企業です。主たる事業は、郷土菓子・和菓子・洋菓子の開発、製造、販売です。「ひとりのお客様の満足と、ひとりの社員の幸せ」が同社の使命・理念・目的であり、まずは、社員とその家族の生活が物心両面で幸せになることを目指してきました。

社員が安心安全で美味しいお菓子づくりを行い、ひとりのお客様を大切にすることを通じて、お客様に喜びを提供し、また訪れたくなるようなお店づくりに力を入れています。苦労と努力の甲斐あって、現在の社員数は４００名を超え、県内でも有数の企業に成長しました。

社員のモチベーションが高い要因

モチベーションのアンケート調査では、属性問わず、ほとんどの社員が「やや高い」「かなり

高い」の結果でした。日々のコミュニケーションが丁寧に行われ、会社と社員の信頼関係がしっかりと築けていることが十分にうかがえます。その最大の要因は、経営理念の「ひとりのお客様の満足と、ひとりの社員の幸せ」に基づくブレない経営が実践されていることにあります。

特に、50代以上の女性パート職員のモチベーションが「かなり高い」のが特徴的です。これは、同社がワークライフバランスがとれた働きやすい職場であり、その努力の先には家族の笑顔や幸福感があり、それが原動力となっているからでしょう。

また、接客レベルが高く、顧客や地域住民などからお礼を言われることが多々あります。それにより自分たちの仕事が社会に貢献していることを実感しやすく、働くやりがいにつながっています。

同社では社員の主体性を重視し、品質が確保されるのであれば、会社の方針の枠内で自分の考えで自由にやれる、とにかく楽しんで仕事ができるような働き方を推進しています。

さらに言えば、経営陣と社員との距離感が近く、オープンな信頼関係を築き、社員が自分の声を経営陣に届けやすい環境を提供しています。風通し良く、なんでも話し合える風土が根付いており、社員は遠慮なく意見を交換しあうことで、自分たちで良い会社をつくっていこうという当事者意識の醸成が図られています。これら一つひとつが、社員のモチベーションを高めることに寄与しているのです。

代表的・ユニークなモチベーションを高める取り組み

■デイリーニュース

全社員が日報を提出します。日報といっても「1日、1人、1情報」といった内容です。本社では、その中から全社員で共有したほうが良いと思われる内容を六、七つほど選び、その情報を、全社員へ伝える「デイリーニュース」として発行しています。いわば社内新聞です。挙がってきた社員の思いや意見に、社長が自身の思いと経営理念を基にした回答をしています。

その結果、社員の意見に対するフィードバックやクリアな指針が全社員で共有され、社員の関与感を高めるとともに、現場での提案や意見が重要に考えられていることを示すものとなり、モチベーション向上につながっています。

また、毎月の給料明細と一緒に、社長通信も発行しています。その中では業績や今後の方向性が記され、社員が常に社長の考えを共有できる仕組みとなっています。

■経営計画書

経営計画書には、全社員がそれぞれに掲げる月間・年間目標が記載されています。毎月、業務の振り返りや意見、提案の書き込みがされます。そして、社員が自由に書き込んだ内容に、店長・リーダー・部長・社長が耳を傾け回答します。この仕組みも組織内でのコミュニケーションを強化し、信頼を築くのに役立っています。

このような風通しの良い風土が醸成されることで、より満足度の高い職場環境で働くことができます。社員は、会社がちゃんと見てくれている、大切に思ってくれていると感じると、より主体性や責任感を持ち、それによって組織全体の生産性やイノベーション力が向上するのです。

■社員持ち株制度

同社には社員持ち株制度があります。決算書の経常利益の40％を税金で支払い、残りの60％の当利益を三方良しに分配します。3分の1を社員持ち株会に、3分の1をお客様未来投資に、3分の1を会社の内部留保にしています。社員やパート社員が持ち株会に参加できることにより、業績に連動して報酬を受け取れるようになっています。

この社員持ち株制度により、社員が自然と当事者意識を持つことができて、自主的に、より一層の努力を惜しまず、組織での目標達成に積極的に貢献してくれます。

今後充実したいモチベーションを高める取り組み

社員の経営参画を一段と進めていくのは必然ですが、今後はさらにより良い働き方を目指して、社員がもっと楽しく働きやすくなるにはどうしたら良いのかを皆で考え、実践していきたいとのことでした。

企業データ

社名▼株式会社たこ満　代表者▼代表取締役社長・前堀　誠　創業年▼１９５３年（設立：１９７７年）
所在地▼〒４３７—１５２１ 静岡県菊川市上平川５６５—１
主事業▼製菓製造販売業、ベーカリーの運営、カフェレストラン
従業員数▼４０７名（男性59名、女性３４８名）　平均年齢▼33歳　最年長▼78歳

「会社は自分たちのもの」と全員が思っている驚異の製造業

アイコクアルファ株式会社（愛知県稲沢市）

アイコクアルファ株式会社は、冷間鍛造技術、5軸マシニングセンタによる切削技術に強みを持つ社員1000人規模の製造業です。自動車・航空機器部品製造から派生する形でオーダーメイドの省力機械や、製造業の考えに基づくソフトウェア開発も行っており、自社商品割合は約20%に至ります。

創業は1943年。80年を越えようとする永続企業ですが、不況などから経営危機もありました。しかし、その都度「自分たちでなんとかしないと」と頑張り、乗り越えてきた歴史が大きな特長です。「会社は、そこで働く人のためにあるのであって、会社の利益のために働く人がいるわけではない」という理念を掲げ、しかもそれが社風になるまで浸透しきっている会社です。

社員のモチベーションが高い要因

自分たちの会社であるという強い当事者意識が、高いモチベーションの理由です。同社では、社員が経営者目線を持てるよう６つの代表的な制度を大事にしており、全社員経営を文字通り実践しています。

１「全社員株主」。外部資本は一切入れておらず、社員の97％が株主となっています。配当還元というよりは、あくまで資本参加の意味合いで、自らの資金で会社を運営するという意識を生んでいます。

２「経理の公開」。事業部ごとの売上高や費用明細を社員に毎月公開しており、社員自らが、どのように業績を上げるかを考え実践する基礎となっています。

３「ＭＬ制度（マネージャー・リーダー制度）」。やりがいある職場づくりを目指して部課長制からの脱皮を図った制度。一方的な指揮命令をする上位の立場ではなく、マネージャー・リーダーがメンバーの自主活動や目標達成を引き出す役割を担当しています。フラットな組織運営の要です。

４「目標記述書（間接部門向け）とＯＷＰ（Our Weekly Plan 生産部門向け）制度」。社員が経営者目線を持って活動できるようサポートするツールとしてスタートしました。経営学者のドラッカーが提唱した目標管理（management by objectives and self-control）を地で行く仕組みです。

5「成果配分制度」。いわゆる業績分配型の賞与です。不況時に人員整理をしない方策として制定されました。配分は経営者が一方的に決めるのではなく、自分たちが勝ち取った業績をどのように配分するか決めています。蓄えと配分、協調と競争のバランスを取る制度として機能しています。

6「夢チャレンジ制度・夢親」。入社（同社では入団と呼ぶ）時に「私の夢」という作文を書いてもらい、所属部門とは異なる部門のマネージャー（課長級）が「夢親」としてメンタリングする仕組みを運営しています。また、全社員が5年毎に書く勤続感想文を「夢チャレンジ作文」へと名称を変え、振り返りと夢へのチャレンジを文書化することを継続し、同社に入団して良かったということを実感できるツールとしています。

6つの制度は、ほぼ昭和の時代から導入されています。また、仕組みというやり方が、全社員経営というあり方を生んだのではなく、理念・風土が先にあり、その強化のために社員が考えて導入を図ってきた背景があるとのことです。モチベーションを高める好循環が生まれているといえるでしょう。

モチベーションを高めるための、代表的・ユニークな取り組み

同社は、全社員経営に共感し、自ら考えるメンバーの集まりとすることが重要と考えています。そのため、採用段階から組織風土とマッチする方かどうかを次の5つの質問で確認してい

ます。

①恋をしたことのない人。

②「私はこのことなら負けません」というものが一つもない人。

③正直者は損をすると思っている人。

④ノートを友達に一度も貸したことのない人。

⑤現場で機械に取り組むことよりも、机に向かって図面や字を書くことの方が高尚な仕事だと思っている人。

①～⑤に当てはまる方は、いくら能力が高くとも入団をご遠慮いただいているとのことです。

また、①～⑤について正解というものはないそうです。なぜ、そのような質問を掲げているか、入団後も社員に考えてもらえるからです。言葉の定義は確定的に定めず、あえて抽象的にすることで「考える」幅を持たせ、強化を図っています。

例えば、「定年」の考え方を廃止し、自ら退団日を決めることを「マイライフ停年」とよんだり、です。自分たちの会社という意識の浸透・徹底のために、社員向けに絵本（リュックの中の宝物）や小冊子（日銀券集めゲーム必勝法）を用意するなど工夫も凝らしています。

今後重視・充実したいモチベーションを高める取り組み

同社では、働く人にやさしいという表現はあてはまらず、安全も、健康も、幸せもすべて会社が提供するものではなく、自分自身で成し遂げるという当事者意識の思想が浸透しています。

経営の仕方そのものにもその思想は反映されており、社員が自分事として経営を検討する場として、「経営懇談会」および「デザイン委員会」というそれぞれ月2回開催の会議体が設けられています。経営懇談会は組合と会社との意思統合の場であり、デザイン委員会は各事業部からメンバーを募り、数年ごとに入れ替えもしながら長きに渡って継続しており、経営のあり方等、多方面の議論を続けています。

今は、多様な働き方ができる仕組みについても検討中とのことですが、単純に自由度を増す事が目的ではなく、働きがい向上につなげることが狙いなのです。

企業データ

社名▼アイコクアルファ株式会社　代表者▼代表取締役社長・樋田克史　創業年▼1943年
所在地▼〒495−8501 愛知県稲沢市祖父江町森上本郷十一 4番地1（本社工場）
主事業▼自動車・航空機部品製造、ハンドクレーン製造、ソフトウェア開発とサポート
従業員数▼1121名（男性945名、女性176名） 平均年齢▼44・5歳　最年長▼81歳

働くことを、自分や家族の幸せにつなげる

株式会社ISOWA（愛知県春日井市）　段ボール製造機械メーカー

株式会社ＩＳＯＷＡは、１９２０年に創業した段ボール製造機械メーカーです。

現社長で3代目の磯輪英之さんは、「自分と自分の愛する家族の幸せのために働ける、世界一社風のいい会社」という経営理念の実現を目指し、実に様々な取り組みをしています。

現在日本には、段ボール製造機械の一貫メーカーが2社しかありません。同社は「ＩＳＯＷＡが止まれば世界が止まる」という強い使命感を胸に、顧客満足の高い製品づくりとサービスで成長発展を続けています。

モチベーションが高い要因

近年の調査では離職率の全国平均が13・9％でしたが、同社は1・4％と極めて低い数値です。モチベーションレベルを聴取すると、現場職、営業職、事務職を問わず、業界どころか他

業種と比較しても非常に高いレベルでした。このことは、会社の雰囲気、働く社員の笑顔や言動からも十分に感じ取れます。社員がモチベーションを高く保つ最大の要因は、心に響く経営理念の存在とその浸透です。社員一人ひとりが「自分と自分の愛する家族の幸せのために働ける、世界一社風のいい会社」という経営理念と向き合う機会を多く創出しています。

磯輪さんは、「社長である自分でも、企業のためという前に、自分と自分の愛する家族の幸せのために働いている。社員も同じであり、それをお互いに尊重し合える企業を目指している」と語ります。この思いが、社員のモチベーションの高さに大いに影響を与えています。

こうした社風の存在と、それに基づく経営の実践によって、人柄が良く利他の精神溢れるモチベーションの高い社員が集まり、育ちます。磯輪さんは「ここまで企業を成長・発展させてくださった先達（ＩＳＯＷＡビト）への恩に報いるためにも、社員のみんなを幸せにしたい」といいます。この思いをいかに実現できるかを、ブレずに絶えず考え続け、現在の経営スタイルに至っています。

モチベーションを高めるための代表的・ユニークな取り組み

代表的な取り組みを三つ紹介します。

一つ目は「社楽」という社員の集まりです。これは創立80周年の記念式典後に、社員が自主的に立ち上げました。「自由に話ができる場をつくりたい。場所だけ提供してもらえないだろうか」という社員からの要望でスタート。現在も継続しています。最初は「会社の文句を言う会」でしたが、回を重ねていくうちに「文句だけ言っていても仕方がない。目標を定め、その実現のために自分たちには何ができるのかを話し合おう」という雰囲気に変化。これが「自分たちで考え、一つの事に意義や意味を見出す」という、同社の強みの大きな源泉になっています。

二つ目は「自分語り」です。これは社外から視察・来訪者がある際、部署ごとに現場の社員が見学対応、自身の仕事についての想いを来客に向けて語る、というものです。日々の仕事の中で、自身がどのような考えで業務に取り組んでいるのか、語ることで明確になります。

作業着にヘルメットを被った社員が、製造現場でマイクを片手に持ち、仕事の内容ややりがいなどを語る姿は、来客の心を掴みます。また、自身で語れる言葉を持つことは、本人の自信にもつながります。その影響か、客先や社外での研修の際、「ＩＳＯＷＡの社員さんは素晴らしいね」と褒められることが多いそうです。

三つ目は採用です。同社はリクルーター制度を導入し、若い人たちが数多く参加して「採用チーム」をつくり、人財の採用を行います。「経営理念に共感し、共鳴している人か否か」を採用基準とし、前面に打ち出しています。採用のためのホームページにも社長の考えを明確に提示。社員はリクルーターを務めることで、自社の価値や強みを改めて発見できるのです。「わが社は目立ちはしないけど、段ボールを作る機械を造っていて、極論をいえば、うちの機械が壊れたら物流がとまるかもしれない。その機械を造れる会社は、日本に2社しかない。社員30

0人の中で自分の部署が50名だから、日本全体でみたら希少価値の高い仕事ができている」。採用現場の若手社員が、仕事のやりがいについて学生から問われた際、このように語りました。

また、インターンシップにも力をいれています。受け入れ部署の若手が集まり、インターンの中身を考えます。その際、人事部は関与せず、若手に任せるそうです。結果、受け入れ側の社員がとても楽しそうに企画・運営する。それを見て同社を志望する学生が多いそうです。

新入社員にもユニークな取り組みをしています。入社半年が経過したころ、新入社員のご両親に来社していただき、どれくらい成長したのかを発表する取り組みをしています。磯輪さんが会社説明を行い、各現場を新入社員が説明しながら、ご両親を案内。我が子がどのように働いているのか知る機会が少なく、特に新入社員であればご両親は不安に思うのが一般的です。そんな我が子が、マイクを手に「今はまだ教えてもらうばかりだけど、いろんなことを早く覚え、頼られる存在になりたいです」「自分は、先輩を見て『この会社に入りたい』と思ったので、次は、自分を見て『ＩＳＯＷＡに入社したい』と思われるようになりたいです」と凛々しく発表する姿に、ご両親はとても感動するそうです。磯輪さん曰く、「ここまで育ててもらったご両親への恩返しの会」なのです。

今後重視・充実したいモチベーションを高める取り組み

近年、「育つ組織から育てる組織へ」というスローガンを掲げました。若手社員の学びたい意欲を汲み取り、いかに学ぶ場を提供するかはどの会社でも課題の一つです。会社が研修制度や勉強会を強いるのではなく、主体性を発揮する場の提供に力を入れています

例えば、「機械修理では、古い機械の学習機会はあるけれど新しい機械は学ぶ場がない」「拠点のサービスマンは基本的に出払っているので勉強する時間もない」という問題がありました。勉強しようと思うと、作業件数や、売り上げをセーブしないといけませんが、近年、勇気をもって決断。機械修理の担当社員を２週間ほど戦力から外し、拠点のサービスマンも呼集。新しい機械を回し、実際に操作する勉強は思った以上に社員に好評でした。

このような取り組みが、社員同士の交流はさることながら、顧客満足度、社員満足度の向上につながっていることはいうまでもありません。主体性を持って考える姿勢を尊重しようという風土は、今後さらに社員のモチベーションを高め、社業の発展に寄与していくことでしょう。

企業データ

社名▼株式会社ＩＳＯＷＡ　代表者▼代表取締役社長・磯輪英之　創業年▼１９２０年
所在地▼〒４８６−０９０８ 愛知県春日井市西屋町66
主事業▼段ボール機械の設計、製造、販売、並びに付帯する一切の業務
従業員数▼２６７名（男性２４１名、女性26名）平均年齢▼43歳　最年長▼81歳

長く活き活きと働けるから、一流ができる

西島株式会社（愛知県豊橋市）

専用工作機械製造事業

西島株式会社は、一般的な汎用機よりもユーザーのニーズを最大限反映させた専用工作機械を設計・製造・販売しています。1924年、耕運機などの発動機を製造する「西島鐵工所」として創業。2024年、創業百周年を迎えます。設計から組立、試運転まで全工程を内製化し、自社一貫生産体制を整備。技術力・対応力を強みとし、無事に納入し稼働できれば、加工面での競争力強化につながります。しかし、要求される条件は厳しく、常に自社の技術力への挑戦です。高齢化による技能継承が課題とされる日本の製造業ですが、同社は定年を廃止し、ベテランが活躍しやすい、若手への教育も進めやすい環境を整えています。

モチベーションが高い要因

「一流の製品は、一流の人格から」という経営理念を掲げています。この理念を徹底して実践

した結果、社員のモチベーションを高く維持しています。特筆すべきは、制度やルールを整えたのではなく、経営の根幹である理念の徹底と、それを補完した働きかけの結果がモチベーションの向上につながったということです。

一流の人格形成を、3年や5年程度の短期間で成し遂げることは不可能です。そのため、社員が長く健康に働けるように、定年制度を設けていません。自分でもう仕事ができないと判断した時点で引退する形をとり、年齢を理由に会社から追い出されることはありません。

ベテラン社員一人ひとりが、長い間活躍している高い技術を持った職人です。ベテランは匠として、現場で後輩に技術を伝承します。教えてもらう後輩はもちろん、周りの社員も匠の丁寧な仕事を尊敬し、信頼を置いているため、匠たちは活き活きと仕事をしています。

また、長く働けるということだけでなく、人生の各ステージで活き活きと働ける環境があります。若手には、独身寮や社宅を安価で提供しています。その理由は、早い段階から若い社員の生活の安定を図ることで、仕事で実力を発揮しやすくするという考え方からです。具体的には、30代で持ち家を実現できるようにしています。

また、社員の健康面にも気を使っています。健康でなければ、仕事に活き活きと長く取り組めません。定期健診では、40歳以上が行わなければいけないとされる検査を、全社員対象にしています。さらに、全員が利用する社員食堂の献立は、栄養管理士が作成しています。

このように、人生の各ステージが活き活きと仕事ができる環境であるため、社員のモチベーションが高いのです。それを象徴しているのが、社員の職場結婚や多くの2世代・3世代が働いているということです。社員が社外の方と結婚した後、新しい家族が同社に入社して活躍している例もあります。このように、身内にも紹介したくなる環境であれば、社員のモチベーションが高いというのも納得できます。

一方で、環境への取り組みだけで一流の人格を形成することはできません。そのために大切にしているのが、積極的なコミュニケーションです。現社長の西島さんは、毎日150名の全社員と必ず会話をしています。会話の内容は具体的な案件のこと、家族のことなど様々です。社員は毎日、西島さんの人格に触れ、直接経営理念について話を聞き、理念を会社から与えられたものではなく、自分のこととして取り組むべきものと考えるようになるのです。

また、毎日の会話は、社員一人ひとりの様子を西島さん自身が直接知る機会でもあります。それにより、何か問題があった際にも迅速に対応することができ、対応も理念に則っています。

実際にあった例として、若手社員が西島さんに、「上司から髪の色や服装で注意をされた」と不服そうに話をしました。そこで西島さんは、その社員に「自分もおしゃれが好きだから、同じ髪色や服装で出社してみようと思うけど、どう?」と問いかけました。若手社員は「それは社長として適切ではない」と答えました。すると、西島さんはにっこりしながら、「自分は社長という役割をやっている社員の一人でしかないのだから、若手社員も社長も一流の人格を目指すという点では同じだよ」と諭されたそうです。

社員が、社長をはじめとした先輩方の行動に触れることで、人格形成が推進されていきます。何が正しくて、何が間違っているのかを基準とし、社員が自発的に判断を行うことでモチベーションが向上し、業務に能動的に取り組むことができるのです。

西島さんは、「あえて積極的にはルールや制度づくりをしたくない」と言います。ルールや制度に気を取られると、お互いを信用していない関係ができてしまい、高いモチベーションを維持して仕事をすることができません。規則よりも経営理念という確固とした共通のマインドセットを大切にすることで、社員はモチベーションを高く保ち仕事をすることができるのです。

モチベーションを高めるための代表的・ユニークな取り組み

同社には、「職人の多能工」という考え方があります。ただ一つのことをできる職人ではなく、様々な分野を経験して、いろいろなことができる技術者に育てるという考え方です。特に若手社員は多くの経験をするため、比較的短い期間で様々な部署を経験します。その結果、設計の社員が顧客からの依頼を受けて、設計・納品・納品後のフォロー対応をすることもあります。一気通貫で対応ができるため、顧客の信頼や満足度はとても高いです。後の工程の進捗がどうなっているのか分からないということが少なくなり、自分の仕事がどのように生かされているのか把握できるので、モチベーションを高く維持して仕事に取り組むことができます。

また、どうしても今の業務が合わず、別の部署に異動する社員もいますが、それは失敗してしまったから左遷されるのではなく、次に自分ができることに出会う機会として捉えられるのが、多能工の良い点の一つです。常に何ができるのかという意識を持っているため、新しい部署でも高いモチベーションを維持することができます。

多能工の考え方で人事異動することも多いですが、西島さんが必ず意識していることがあります。それは、「社員を駒として見ない」ということです。ある部署の人間が少ないから他から補充する、という考え方が一般的な人事であろうと思います。しかし、同社では、この社員がこの部署に異動した結果、どのような成果があるかを考え、将来はどのように活躍することができるかという長期的な視点で人事を行っています。異動の際には、本人は当然、送り出す部署と迎え入れる上司も把握しています。このように一つひとつ丁寧な取り組みにより、一流の人格が形成され、一流の製品を生み出す職人を育てているのです。

企業データ

社名▼西島株式会社　代表者▼代表取締役社長・西島　豊　創業年▼1924年
所在地▼〒441−1102 愛知県豊橋市石巻西川町字大原12
主事業▼自動車関連専用工作機械、全自動超硬丸鋸切断機、全自動丸鋸刃研削盤、ネジ・リング・ギア転造盤、農業用自動機等の設計、製造
従業員数▼134名（男性108名、女性26名）　平均年齢▼43・2歳　最年長▼80歳

だれもがキラボシ～笑顔あふれるテーマパークの秘密

株式会社アワーズ（大阪府松原市）

動物園・水族館・遊園地および博物館の経営、飲食店および売店の経営

１９７７年設立の株式会社アワーズは、動物園、水族館、遊園地を併せ持つ、日本で有数の複合型テーマパーク「アドベンチャーワールド」を運営する会社です。

和歌山でも南方（紀南）の西牟婁郡白浜町に立地していますが、世界最大の旅行口コミサイト〝旅行好きが選ぶ！　日本の動物園・水族館ランキング２０１８〟で、１位になるほどの人気を誇ります。

１４０種、１４００頭の様々な動物とスタッフの信頼関係が目に見えて伝わること、動物と距離が近く、触れ合える機会が多いこと、親子で丸一日楽しめることなどが評価されています。

モチベーションが高い要因

企業理念の「こころでときを創るＳｍｉｌｅカンパニー」には、同社がこれまで大切にして

きた考え方が詰まっています。

〝Ｓｍｉｌｅ〟という言葉を「社員のＳｍｉｌｅ」「ゲストのＳｍｉｌｅ」「社会のＳｍｉｌｅ」と三つに分類し、創り出す順番（社員→ゲスト→社会）も定義しています。「社員のＳｍｉｌｅ」が最初にくるのは、まず自分たちがＳｍｉｌｅになることで、ゲストへ、そして社会へ影響を広げていける、という考え方にあります。

その考え方を突き詰めたのが、「だれもがキラボシ」という言葉です。この言葉には「それぞれがそれぞれの場所で、私らしく輝こう」という思いが込められています。このコンセプトが社員の心理的安全性を生み出し、「だれもがキラボシ」のその先は、ゲストや社会の〝しあわせなとき＝Ｓｍｉｌｅ〟につながる、という好循環を生み出しています。

これらの企業理念を共有することで、社員はモチベーション高く働くことができています。会社の理念と自身の理念が重なっているからこそ、それぞれが目の前の仕事に対し、生き生きと取り組むことができるのです。

社長の山本さんは、就任9年目。最初は理念経営をやろうとしても、なかなか理解がされず、社員は遠巻きにして警戒している様子でした。しかし、粘り強く企業理念を考える機会を創り続け、新卒採用時に理念共感型採用を取り入れるようにしたら、徐々に浸透してきました。あくまで、強制的にするものではなく、自発的になっていくことが大事だと山本さんは考えています。

モチベーションを高めるための代表的・ユニークな取り組み

理念に共感する社員を採用する「理念共感型採用」を実施しています。「企業理念に共感してくれる人財の皆さんに入社していただく」スタンスで、企業説明会に3時間、グループディスカッション、一泊二日の合宿などの選考を経て、最終面接にたどり着きます。このようにお互いを理解し合うような形での採用方法をとることで、入社後のギャップがなくなり、入社後すぐに活躍できる社員も増えています。そして、これが社員のモチベーションの向上にもつながっています。

また、新卒採用時だけでなく、企業理念浸透のための研修を多く実施し、そこでは生きる目的、働く目的を考えてもらう機会にしています。それにより、自ら従事している業務にやりがいを感じ、自身の存在価値、役割を明確にできて、最終的に心理的安全性を高めることにつながっているようです。

また、社内には組織横断的なプロジェクトが多数存在し、通年で決まっているもの、スポット的なものなど、さまざまなプロジェクトを行います。中には、社員から自発的に挙がってくるものもあります。同社の社員はもともと、他人を喜ばせたい気持ちを持っている人が多いので、多様なアイデアが挙がります。

新しい企画を考案する際には、必ず目的（どんな三つのＳｍｉｌｅを生み出すのか）から考えてもらい、それが実施の判断基準にもなります。もちろん売り上げや利益は大事ですが、プロジェクトの全てが数字につながるわけではなく、時間がかかったり、仮に失敗してしまったとしても、本気で挑戦したことは必ず成長になるはずだと考えています。

このように、社員が新しいことに挑戦しやすい風土が徐々にできつつあります。職制は10人程度の「チーム制」ですが、このリーダーも挑戦の機会として入社3年目からなることができる、単年制の仕組みにしています。リーダーは自薦や上長からの推薦で決まり、将来のマネージャーとしての育成・教育にもつながります。チームメンバーは固定ではなく、毎年ある程度入れ替わることでコミュニケーションの活発化を図っています。

今後重視・充実したいモチベーションを高める取り組み

「自分で自分のキャリアを決められる人事制度」をつくることを目指しています。

山本さんの理念は「関わる全ての人をＳｍｉｌｅ（＝幸せ）にする」であり、この理念のためにも「働く社員全員に幸せになってほしい」と考えています。一方で、矛盾するようですが、「私が社員を幸せにしてあげることはできない。社員が自分自身のキャリアビジョンを思い描き、能力を自発的に伸ばし、自己実現する。このような制度の充実を図ることで、社員が自分で自分の人生を歩み、幸せになることができるのだ」とも考えています。

ここにも、山本さんの社員に対するやさしさ、思いやりの深さが表れています。社員は自分が会社、社長から大事にされていると感じるからこそ、モチベーション高く業務に従事することができるのでしょう。この好循環により、コロナ禍の厳しい中でも全社員の知恵と工夫で乗り越えられる結果につながったのだと思います。

企業データ

社名▼株式会社アワーズ　代表者▼代表取締役・山本雅史　創業年▼１９７７年
所在地▼〒５８０―００１３ 大阪府松原市丹南３―２―15
主事業▼動物園、水族館、遊園地および博物館の経営　飲食店および売店の経営
従業員数▼３２５名（男性１５０名、女性１７５名）平均年齢▼35歳　最年長▼77歳

経営理念は、つくるひとをつくる

三和建設株式会社（大阪府大阪市）

総合建築業

１９４７年に設立された、創業70年を超える中堅ゼネコンです。他社との差別化を図り、選ばれる存在になるため、食品工場・物流施設・社員寮分野の三つのカテゴリーをブランド化、その３大ブランドでカテゴリートップを目指します。

２００８年に4代目社長となった森本尚孝さんは、どちらかというとネガティブな印象を持たれることが多い建設業界の中で、ヴィジュアルイメージの強化や積極的なブランディングを行ってきました。建設業の本質を追求しながらも、建設業らしくない企業づくりを進めたいと、２０１３年に「つくるひとをつくる」という経営理念を定め、その理念の実現に邁進しています。

総合建築業の同社がつくっているのは建物ですが、それをつくっているのは「ひと」です。建物は建てて終わりではなく、引き渡し後のメンテナンスを継続する必要があります。企業の永続が前提なので、人づくりは、企業の継続性や永続性を担保することにつながります。

モチベーションが高い要因

同社は、２０１５年から7年連続で、日本における「働きがいのある会社」ランキングでベストカンパニーに選ばれ、第7回「日本で一番大切にしたい会社」大賞の審査員特別賞を受賞しました。

２０１３年に経営理念を定めてから、まずは、その理念を会社の隅々まで浸透させるために言語化し、繰り返し社員に伝えることを最重要課題として取り組んできました。社内での様々な出来事が社員の成長につながっているか、すなわち「つくるひとをつくる」という経営理念と整合性があるか、を常に意識しています。

次に、社員同士がつながる機会を増やしました。集まる機会を増やし、縦横のつながりや短所も含めた他者理解を深めることで、困難な出来事が生じた時にも、社員同士が寄り添い助け合う文化が醸成され、離職率の低減に寄与しています。

その結果、社員のモチベーションに関するヒアリング調査では、男女・雇用形態・年齢問わず、全体的にモチベーションは高く維持されています。特に、新入社員がかなり高い結果となっています。

社員へのアンケート調査においても、「働きがいのある会社である」と感じる社員が84％で、

92%が「経営・管理層は、会社のビジョンとその実現プロセスを明確にしている」と答えています。また、「会社全体で成し遂げている仕事を誇りに思う」と感じる社員が86%と、社員のモチベーションは高く維持されています。

モチベーションを高めるための代表的・ユニークな取り組み

主な特色は、先述した「理念の言語化」と「社員同士のつながりを増やす」ことですが、それに関連する代表的な取り組みをいくつか紹介します。

まずは、理念を浸透させる仕組みとして、年2回「ＳＡＮＷＡサミット」という全社会議を行っています。「つくるひとをつくる」という理念を再確認し、全社員に対して、会社がどのような取り組みを行っているかの共有と、企業理念に沿った行動を促すための会議です。

建設業では、多くの従業員が現場にいるのが常であり、森本さんいわく「孤独な職場」です。しかし、年2回、多くの仲間と顔を合わせることで、組織への安心感を得られ、魅力的で素晴らしい仲間がいることが誇りとなり、退職を踏みとどまる社員も少なくありません。

採用活動にも特色があり、1人当たり最大１４０時間を掛けて、５次選考まで行います。これは同社の理念に共感できるかを判断するだけでなく、既存社員や会社との接点を多く持ち、求職者をその気にさせる自己認識作業だと位置づけています。新入社員は全員「ひとづくり寮」に入り、１年間の共同生活でコミュニケーションの機会が増え、新入社員同士の横のつながりを強くします。

また、２０１７年４月からは、全社員対象の年間を通した教育プログラムとして、社内研修制度「ＳＡＮＷＡアカデミー」を開講しました。60の講座が設けられ、１人につき年間６～36講座を受講します。社員が講師をすることで講師自身の成長も促し、社内に学ぶ環境があるということが、意欲的な学生の採用にもつながっています。

さらに、社員一人ひとりを大切にするための取り組みとして、毎月の社長メールの末尾に、その月に誕生日を迎える社員の名前と感謝のメッセージを載せるとともに、社長との誕生日お食事会に招待されます。社員の配偶者の誕生日にも手紙を添えて花を送り、家族へも感謝の心を伝えています。

その他、社員の健康面への配慮については、おすすめ医療機関のデータベースの共有や、傷病によって連続休業になる場合の最大２か月の特別有給休暇付与、先進医療を受ける場合の３００万円までの給付など、充実した支援を行っています。

このような、ひとづくりのための多くの取り組みには、「社員の短所は気にしない。中には少し成長が遅い社員もいるが、まるで自分の子どもの成長を見守るように、辛抱強く見守っていますす」という森本さんの、温かなまなざしが注がれています。

今後重視・充実したいモチベーションを高める取り組み

「グループ会社も増えてきて、経営人材の育成が急務です。上の人間を、より上へ引き上げることで、全体を引っ張る力が強く、早くなります。〝あの人みたいになりたい〟という憧れの対象になるような社員を増やしていくことで、若手社員のモチベーションを維持し、社員から選ばれ続ける会社であり続けたい」と、森本社長は熱く語ります。

「つくるひとをつくる」という経営理念に基づいた様々な取り組みが、社員のモチベーションを今後さらに高めていくことは間違いありません。

企業データ

社名▼三和建設株式会社　代表者▼代表取締役社長・森本尚孝　創業年▼1947年
所在地▼〒532―0013 大阪府大阪市淀川区木川西2丁目2番5号　主事業▼総合建設業
従業員数▼183名（男性134名、女性59名）　平均年齢▼40歳　最年長▼74歳

はじけるほど、笑おう〜「ジリッ」を目指して〜

株式会社Dreams（大阪市中央区）

ポップコーンの製造および販売業

株式会社Dreamsは大阪市内に3店舗を構えるポップコーンの製造および販売業を行っている会社です。代表の宮平崇さんは大学卒業後、サラリーマンを経てアメリカに移住します。帰国後一人で有限会社を立ち上げ、そこで一所懸命に仕事を続ける中で、数々のご縁と偶然が重なり、ポップコーンの事業を引き継ぐことになり、株式会社Dreamsを創業しました。

本場アメリカから輸入したポップコーンの豆をはじめ、日本人の好みに合うように30種類以上のフレーバーを季節で入れ替えながら、こだわりのポップコーンを製造・販売しています。

店舗では「ポップコーンパパ」という店舗名でポップコーンをモチーフとした4人のファミリーキャラクターが温かく迎えてくれます。関西のお土産としても認知され、ECサイトでも販売されており、全国の幅広い年齢層でファンを獲得しています。

根強いファンがいるのは従業員の発案による、様々なイベントが行われているからです。小学生の低学年を対象にしたポップコーンの製造・販売体験や、新フレーバー発売時や毎月1回の懸賞プレゼント、バレンタインデーやホワイトデーなど、イベントに合わせた贈答パッケージなどがお客様の心をつかみ、支持を得ています。

モチベーションが高い要因

同社には、一人ひとりが仕事を愉しみ、成長を実感できる環境があります。それは宮平さんと従業員がお互いに、感謝の思いと多くの成長を共有する機会が存在しているからです。

宮平さんは凡事徹底、積小為大を日々実践され、「今日のありがとう」という感謝の気持ちを毎日12個も記入しています。従業員やその家族、お取引先やお客様、プロ野球の球団や選手にも感謝の思いが綴られています。そして、一日の振り返り、GOODニュース、明日の目標を毎日記入し、これらを参考にして翌月の目標を設定しています。

宮平さんは、直接従業員の自宅に「ありがとうハガキ」を届けています。ポストを開けると「ありがとう」が入っている。本人だけでなく同居しているご家族の喜ぶ姿が想像できます。

また、同社には、「ありがとうカード」という、お互いに感謝の気持ちを伝え合うカードがあります。仲間にお礼を言いたい時に、感謝の気持ちを記入してもらい、それを給与明細とともに渡す仕組みです。書く人は嬉しい気持ちを表現できるし、もらった人も嬉しい気持ちになるでしょう。

このように、宮平さん、従業員同士が感謝の気持ちを言葉で伝え合い、お互いの成長を実感することで高いモチベーションが維持できているのです。

モチベーションを高めるための代表的・ユニークな取り組み

同社では従業員全員参画型の経営を目指して、個々の「成長」を実現するために「ジリツ」をキーワードにして日々活動しています。他の助けなしで物事を行う「自立」と、自分自身で立てた規範に従って行動する「自律」の二つの意味を兼ね、主体的、能動的な姿勢で仕事を「愉しむ」ことを大切にして、従業員の成長を促進しているのです。

宮平さんは、ジリツした人財を増やす目的で、「従業員には指示をしない、管理しない」を基本的なスタンスとして、希望する仕事をできる限り任せています。

従業員全員が事業計画を作成し、今期のスローガン、売上計画、そして、行動方針や事業戦略などを、在籍年次を問わず全員で決定。全員が共有する目標なので同じ方向を目指して、仕事に臨む。そして、一人1冊ずつ自分のノートを作り、宮平さんと共有しているのです。

このノートには毎月、目標と目標達成に必要な三つの行動指標を設定し、スタッフは毎日達成度合いをチェックして、振り返りのコメントを記入します。宮平さんも気持ちのこもったコメントを読むのを楽しみにしており、お互いに成長を共有できるキャッチボールの機会があることで、従業員も成長を実感することができるのです。

感謝のキャッチボールはお客様とも行っています。お客様からのハガキは多いときには月に300枚を超えます。お客様への返事は宮平さんとスタッフさんが全て手書きで行い、お子様への返事にはキャラクターを使って伝わりやすくなど、読み手に配慮しています。

お客様からのお手紙は定期的に発刊されるニュースレターにも掲載。内容を見た従業員から、月イチ懸賞大会、チャリティーなど、自発的なイベント企画が生まれています。こうして生まれたイベント企画は、現在では同社の定期イベントに成長しました。

毎月「社長グリーティング」として、従業員の中から2、3名が宮平さんと食事をする機会があります。宮平さんは「食事をしながら話をすると、スタッフの個性や仕事に対する思い、プライベートの出来事など、直接聞けることで、仲間としていてくれることに嬉しい気持ちになるし、誇らしく感じたりします」と目を輝かせ、嬉しそうに語ります。

従業員同士の成長を共有する機会には、年数回スタッフが中心になって企画・実行する社内行事、Dreams Creative Partyがあります。経営発表会や運動会、接客・製造勉強会やテーマパークツアー勉強会など、結束を高め合うとても大切な〝場〟です。

このように、スタッフの仕事に対する思いを聞いて感動したり、従業員同士が真剣に話し合っている光景を見て涙したりなど、お互いの成長に真剣に向き合うことが、新たな一歩を踏み出すモチベーションにつながっているのです。

今後重視・充実したいモチベーションを高める取り組み

同社では代表の宮平さんを中心に、三重県熊野市の古民家を拠点としたコミュニティづくりの計画を進めています。宿泊や食事、農業体験、家のリノベーションまで、すべてみんなで共感しながら行いたい。そんな「自給自足の世界」をつくろうと考えています。お金や社会の仕組みに依存しないということは、文字通り「ジリツ」を体現する取り組みといえるでしょう。

自分たちで衣・食・住やエネルギーを賄えるコミュニティをつくることは、ひとつの社会実験でもあるのです。

現代は、何かをやる理由がお金に紐づいていないと不思議がられる時代。そんな既成概念に当てはまらない価値観や世界があることを証明したい。宮平さんの挑戦は続きます。

企業データ

社名▼株式会社 Dreams　代表者▼代表取締役・宮平　崇　創業年▼２００５年
所在地▼〒５４０―０００５ 大阪市中央区上町１―３―10　主事業▼ポップコーンの製造および販売業
従業員数▼40名（男性４名、女性36名）　平均年齢▼28歳　最年長▼58歳

感動の連鎖を地域社会に広げていきたい

株式会社ベル（大阪府東大阪市）

総合ビルメンテナンス業他

株式会社ベルは、1992年、代表取締役の奥斗志雄さんが異なる業界の大手企業を退職し、数名のスタッフと共にビルメンテナンス業として創業しました。

創業当時、大手の下請けとして事業を開始しましたが、やがて大口顧客からの仕事がなくなり廃業の危機を迎えた時に、転機が訪れます。

今後下請けは行わないと、コーポレートスローガン「愛と感動のビルメンテナンス。ありがとう！　そこまでするか！　さすがプロ！」を掲げ、実践してきたことで、今やお客様の9割以上が他の清掃、メンテナンス会社からの乗り換えとなるほど成長しました。

また、現在はビルメンテナンス業だけでなく鳩対策事業、企業主導型保育園、デイサービス事業等を展開し、これらに関わる全ての人が幸せになる街「ベルシティ構想」を目標に、幸せな社会づくりに貢献しています。

モチベーションが高い要因

社員のモチベーションが下がる原因は様々ありますが、奥さんはとりわけ、経営者や上司への信頼感をなくした時、職場の人間関係が悪化した時に一番下がると考えます。だからこそ、そうならないように、なんでも言える、お互い様の組織風土の醸成に注力しています。

新入社員には2日間にわたる社長塾で、対話を通して人生観を深め、人生設計をしてもらいます。

また、人事評価は減点ではなく加点方式とし、それぞれの個性に合った関わり方をすることで、自分らしくいられる場所づくりを行っています。

奥さんは「社長面談では社員の人生の夢を聴いて、それに応えることが仕事です。だからといって、現時点で夢がないのであればそれもまたよし。決して強いることはありません。対話が何よりも大切で、この対話により社長と社員との距離が縮んでいます」と語ります。

また、同社が福祉デイサービス事業を始めたのは売り上げや利益を求めたからではなく、親の介護で困っていた社員に何かできることはないかと考えたことがきっかけでした。

このように、奥さんには随所に社員に寄り添う姿勢が見受けられます。同社は社員が安心して働ける場所であるため、人の入れ替わりが多いビルメンテナンス業にもかかわらず、転職・離職率は1・6％と驚異の低さになっています。

同社のコーポレートスローガン「愛と感動のビルメンテナンス。ありがとう！　そこまでするか！　さすがプロ！」は、この組織風土があるからこそで、このスローガンを達成するための行動規範「ゴールドスタンダード」は、社員や現場清掃員のクリーンキーパーまで全員に浸透しています。

例えば、通常は契約で決められた範囲だけを清掃しますが、同社のクリーンキーパーは契約範囲外も進んで清掃し、お客様が頼んでいないことも黙ってさっと実施するそうです。なぜここまでするのか。それはお客様に喜んでいただき、お客様からいただく「ありがとう」が同社の誇りだからです。

また、お客様からの声を「ラッキーコール」と呼び、特にクレームの連絡が入れば、内容を取りまとめ全社員に周知、15分以内に対応者を決め、1時間以内に現場に駆け付けてお詫びするという、お客様の立場に立ったスピード対応を実践しています。クレーム内容は即日分析し、数日以内に再発防止策をお客様に説明することで、結果的に絶大な信頼を得ています。

このような素晴らしい姿勢でお客様に対応するからこそ、既存顧客の9割以上が他ビルメンテナンス会社を断り、同社を選んでくれているのでしょう。

モチベーションを高めるための代表的・ユニークな取り組み

代表的な二つの表彰制度をご紹介します。

一つ目は、毎年の全社員大会にて、１年間良い取り組みをしてきたクリーンキーパーを様々な名目で表彰する制度です。特に最優秀クリーンキーパー賞の受賞者は、会社が本人に内緒で家族を呼び、サプライズ出演と手紙の紹介、また業務先のお客様からも手紙やビデオメッセージを頂戴することで、涙なくして受賞される方はいないほど感動の授賞式となっています。

この様々な表彰の写真は、本社の廊下に所狭しと掲示され、受賞者はとても嬉しそうないきいきとした顔つきで、やらされ感なく前向きに仕事をしていることがすぐに分かります。

二つ目は、社長との飲み会賞です。数値目標を達成した社員だけでなく、陰で支え頑張ってくれている社員も選出され、奥さんと高級料理店に食事に行きます。陽の当たらない仕事であっても、幹部や管理職がその努力を見逃さず評価し選出します。高級料理店における質の高い接客を学び、またここでも奥さんは社員と対話を重ねます。普段接することが少ない社員に対しても、どのように頑張っているか、今後どのようにしていきたいかを聴き、深く対話することで、さらに社長と社員の距離が縮まる機会となっています。

今後重視・充実したいモチベーションを高める取り組み

同社が描く「ベルシティ構想」は、「感動の連鎖を地域社会に広げていきたい」というビジョンを形にし、「関わる全ての人が幸せになり、暮らしやすい社会にしたい」という思いが詰まっています。

ベルシティの中心には同社があり、社員一人ひとりが「夢を叶えられる」「働きがいを感じる」「自分の能力を発揮できる」「社会の役に立っている」「お客様に必要とされている」ことを目標としています。この構想は社員全員の声を集約し、策定されました。

今後、さらにモチベーションを高めていく取り組みとして、経営計画書づくりへの参画や社員キャリアプランの明示を充実してほしい等の声が社員から上がっています。モチベーションが高くなければ、このような前向きな意見が出ることはありません。

明確な目標に向かって、一つひとつの声に対し丁寧に対話することで、社員のモチベーションがさらに高まり、ベルシティ構想に一歩ずつ近づいていくことでしょう。

企業データ

社名▼株式会社ベル　代表者▼代表取締役・奥　斗志雄　創業年▼1992年
所在地▼〒578―0938 大阪府東大阪市吉田下島14番7号
主事業▼ビルメンテナンス、リフォーム、その他機械警備、鳩対策施工サービス、保育、介護
従業員数▼251名（男性159名、女性92名）平均年齢▼58歳　最年長▼82歳

家族的経営で常にユニークに、半歩先を見据えたモノづくりに挑戦

リボン食品株式会社（大阪府大阪市）マーガリン製造販売、パイ生地、パイ関係食品製造販売業

リボン食品株式会社は、１９０７年に日本で初めてマーガリンを製造販売した企業です。それ以来、コンパウンドマーガリンや冷凍パイ生地、冷凍ホットケーキ、冷凍デザートケーキなど、数々の「日本初」を世の中に提供し続けています。

「日本初」をいくつも生み出し続けている背景には、二つの大きな特徴があります。一つはユニークさを信条に、時代の「ずっと先」へ行き過ぎるのではなく、常に時代の「半歩先」の未来を意識し、「あったらいいな」を追求する、柔らかな姿勢です。二つ目は、「やってみよう」精神でチャレンジし、たとえ失敗しても結果の中から得たヒントをつなぎ合わせて新製品を作っていこうという、ポジティブな社風です。

同社には、「家族的経営」を軸に、お客様や取引先、リボン食品に関わる人々、そしてその家族も対象にした、人を大切にする「ホスピタリティ」精神が根付いています。

モチベーションが高い要因

同社は、第12回「日本で一番大切にしたい会社大賞」の審査員特別賞を受賞しています。受賞理由の一つに、「所定外労働時間が10時間以下と少ない」とありますが、もう一つの受賞理由の数字が驚異的でした。

それは、離職率が０・６％（受賞時）と、厚生労働省の令和４年度雇用動向調査の製造業の平均値９・６％に比べて、極めて低い数値だったのです。その理由は、会社に足を踏み入れた際に感じた雰囲気だけでも、十分すぎるほどよくわかりました。

現在の社長は、４代目の筏由加子（いかだ）さんです。筏さんが就任時に取り組んだことの一つに、新社屋の建て替えがありました。３代目社長のお父様は、「メーカーなのだから、お金をかけるなら工場に設備投資をすべき」と語る中、「機械を動かすのは人。社員が気持ちよく働ける環境を整えるために、社屋を建て替えたい」と主張しました。

そして、「毎日みんなの元気な顔が見たい」という思いで、旧社屋では建て増しで散らばっていた当時の社員１００名を、一箇所に集めた新社屋を竣工しました。

また、現在では１１０名を超える社員がいますが、筏さんは今でも毎月、誕生日を迎える社員へ手書きのメッセージカードを送っています。それも毎年同じ内容ではなく、その時その時の社員の背景や顔を思い浮かべ、深く接した思い出をメッセージカードに綴っているそうです。

このように、社員一人ひとりを大切に思う気持ち、思いやりを持ったホスピタリティ溢れる経営の実践こそが、モチベーションの高い社員を育て、さらには付加価値の高い製品づくりへとつながっているのです。

モチベーションを高めるための代表的・ユニークな取り組み

同社は、全部署の一体感を大切にするため、執務フロアは原則的にフリーアドレスです。また、風通しの良い雰囲気をつくりたいと、社長室も同じフロアに配置されています。仕事用の椅子も、筏さん自らが実際に座り、疲れにくい椅子を選びました。

特筆すべきは、「瞑想ブース」です。疲れたときに休んだり、アイディアを模索したり、試食して意見交換をしたり、書籍や雑誌で知的好奇心を満たしたり、自由に使えるスペースとして活用されています。

「日本初」を様々生み出してきたことも、モチベーションを高める一つの理由でしょう。この「日本初」を生む風土として、創業時から「ユニークさ」を追求しています。一方で、中小企業の強みを活かし、少ない投資から実施し小回りを効かせ、スピード感を持って他社より早く開発することでマーケットへ参入できる特性も備えているのです。

そして、代々引き継がれる中で大事にしている「会社のあり方」として、「目配り、気配り、心配り」があります。「星の数ほどある会社の中で生き残っていくためには、他人より少し多く、少し早く、気づきや心配りをすること」が大事です。冒頭に述べた、規模や急拡大を求めない「半歩先」の姿勢とともに、モチベーションを高める取り組みにつながっています。

また、伝統あるマーガリンの製造販売においても、製造方法などに変化を加え、常に新しい取り組みを行っています。この変化を「少しずつ」の変化にすることで、働く社員のストレスや負荷を無くしています。このように、伝統の中にも革新を加えることで、モチベーションを高めているのです。

さらに、「社内転職」なども活用し、人事異動前の面談時には社員の能力を活かせるよう考えています。社員一人ひとりが自分の強みを知り、「やらされている」ではなく「やっている」という思いで働くことができる、価値を高めていけるような仕組みづくりも行っています。

今後重視・充実したいモチベーションを高める取り組み

同社では、家族的経営を大切にしています。筏さんは「家の中で家族の成長に気づかない人はいません。昨今、仕事とプライベートは別という考えがあるのも事実です。しかしながら、人間はどこかで認めて欲しいと願っている。ですから、私たちはこれからも家族を大事にし、一致団結できる環境づくりを継続していきます」と、力強く語ります。

また、「ただ単に上司が部下に対して指示するだけではなく、部下の気持ちや考えを引き出せるような面談や取り組みで、リボン食品らしい一体感の醸成を「あり方」で充実していきたい」

とも考えています。

同社は、コロナ感染症が蔓延する直前、２０１９年2月に会社全体で社員旅行に行きました。当初は社員から後ろ向きな意見が多数ありましたが、実施後の満足度アンケートでは、ほぼ１００％の社員が大満足の５に◯が付いたというエピソードもあります。強制参加ではなくても、社員全員が「行きたい、参加したい」と思えるような取り組みを行い、一体感のある会社づくりを目指しています。

このように、筏さんの社員への思いが伝わることで、今後さらに社員のモチベーションが高まっていくことは間違いありません。「いい会社にはいい風が吹いている」と言われますが、秋の初旬に安らぐいい風、いい空気を同社で感じました。

企業データ

社名▼リボン食品株式会社　代表者▼代表取締役社長・筏　由加子　創業年▼１９０７年
所在地▼〒５３２―００３５　大阪府大阪市淀川区三津屋南３―15―28
主事業▼マーガリン製造販売、パイ生地およびパイ関係食品製造販売
従業員数▼１５０名（男性１０５名、女性45名）　平均年齢▼40・３歳　最年長▼78歳

モラロジーを大切にした経営

佐藤薬品工業株式会社（奈良県橿原市）

医薬品製造業

佐藤薬品工業株式会社は、１９４７年に創業、創業者の佐藤又一さんは広島県福山市出身です。終戦後間も無く奈良県御所市にある友人の実家の売薬業をお手伝いすることから始まります。御所市茅原の吉祥草寺に住を借り、薬を仕入れて販売することが同社の創業の原点でした。大福屋という屋号から、佐藤薬品工業株式会社の屋号になったのは１９５１年、このタイミングで卸売から製造業に変わりました。軌道に乗らず苦労していた時に、モラロジーという学問と出会います。「道徳」を表すモラル（moral）と、「学」を表すロジー（logy）からなる学問名であり、これを学んだ後、一念発起して、１９６１年には、当時まだ新しかったカプセル剤の開発に着手しました。１９６４年にイタリアから、カプセル剤の充填機を導入してからは、カプセル剤の受託製造の注文を、多くの製薬会社から受託するようになり、医薬品の受託加工が事業の柱となっていきました。

以来、２００２年に2代目に、２０２２年に現代表である3代目の佐藤雅大社長が継承しています。

モチベーションが高い要因

同社の特色はモノづくりに特化していて、内服固形製剤の加工技術が非常に高い点が挙げられます。カプセル剤、錠剤、顆粒剤の生産に特化し、経営資本を集中しています。カプセル剤の形を作るだけでなく、中身の薬がどの温度で、どの程度の時間で溶け出すかといった薬の加工技術についていくつか特許を取り、これまでの経験とノウハウで差別化を図っているため、大手製薬メーカーからの受託製造が受けられる体制が整っています。

そういった背景によって、安定した仕事を受ける体制が整っており、安心して働くことができる環境が整っていることが、モチベーションが高い要因の一つに挙げられます。

また、大企業に比べて、中規模の企業であるため、大手製薬会社よりも個人で行う仕事の守備範囲が広く、その結果、若くて優秀な人財が育ちやすい点も強みになっています。加えて、モラロジーを大切に考えた経営を強く意識しており、会社の存在意義はモノづくりの前に人づくりと考え、どこへ行っても役に立つ人に育てるということを目標としています。

これは、医薬品製造という現場で、万に一つの間違いがあってもならないので、常に正しい価値観を持ち、お客様の健康につながるようにする目的も含まれています。目先の利益を目標とせず、会社を離れても活躍し、周囲に貢献できる人を育てることができれば、その人のみならず、その人を通して、地域や社会を幸せにすることができるからと考え、人財育成を続けています。

結果、過去10年の利益は黒字、過去5年間の売上高の推移も概ね右肩上がりです。また、持ち株制度の導入が背景にあり、社員一人ひとりが健全な経営意識を持っていて、経営計画の策定への参加度が高いことも特徴の一つです。社員のみならず地域社会や取引先への報恩も実践しており、顧客や地域住民から感謝される経営を行っています。

モチベーションを高めるための代表的・ユニークな取り組み

同社が社員のモチベーションを高めるために、実施している一つにキッチンカーがあります。医薬品製造業のため、食堂は別棟である必要があり、社員食堂は無く、これまではお弁当を購入したり、持参したお弁当を食堂で食べていましたが、温かい物を食べてもらおうと、3代目の雅大さんが提言し、数種類のキッチンカーが日替わりで来てもらうように手配しました。ワンコイン（500円）で購入できるよう工夫して、500円を超える部分は会社負担としています。

また、社員とその家族、地域社会の方たちにも喜んでもらうべく、キャッチフレーズはFamiliar with peopleとして、納涼感謝祭を行なっています。毎年、全ての内容を自社で企画・

運営し、自社の担当社員が、地域社会の方たちと年一回のお祭りを楽しんでいます。自社の球場から上がる花火は圧巻で、近くのバイパス道路で渋滞が起きてしまうほどの規模のため、楽しみにしている人は非常に多いです。

このような地域の皆様に喜んでいただく取り組みも、社員にとってモチベーションを上げる要因となっています。

今後重視・充実したいモチベーションを高める取り組み

今後は、経営計画書づくりへの参画、人事評価制度の公開、キャリアプランの明示、これらを前向きに進め、社員が自主的に仕事に取り組むための道標になる取り組みに、力を入れていくことを考えています。

また、社員満足度調査を行い、工夫すべき点はないか、常にアンテナを張っています。さらに、前述の Familiar with people のキャッチフレーズを元に、社員家族への報恩として、支援制度の導入や社員旅行についての検討もしています。

課題としては、現在、地元奈良県には理系の大学が極端に少なく、大学進学を考えた理系の高校生は県外に出ることを余儀なくされます。このことが、新卒の大学生採用の際に、県外の大学生に募集することとなり、応募者、採用側双方にとって高いハードルとなります。

今後、行政が県内高校の文系と理系の比率を考え、それに応じた大学の学部設置をすることで、地元で就職する大学生が増え、地域活性化や新しいアイデアが生まれると考えています。
このように地元・地域社会との連携も深め、多様な働き方を設けて、一人でも多くの人が活躍しやすい環境を整えていく姿勢は、創業者の又一さんから伝えられているモラロジーの継承が行われていることを物語っており、この継承こそが、同社の今後のモチベーションを高めていくと思います。

企業データ

社名▼佐藤薬品工業株式会社　代表者▼代表取締役社長・佐藤雅大　創業年▼１９４７年
所在地▼〒６３４―８５６７ 奈良県橿原市観音寺町９番地の２　主事業▼医薬品製造
従業員数▼６７０名（男性３８８名、女性２８２名）平均年齢▼36歳　最年長▼77歳

信頼される誠実な仕事で、地域に貢献できる企業を目指して

出雲土建株式会社（島根県出雲市）

建設業

１９８０年9月、現在の代表取締役社長である石飛裕司さんの従兄に当たる寺田昌弘氏が創業。石飛さんがいまだに人生の師であると語る寺田昌弘氏は、「この出雲の子どもたちが将来働ける場所をつくりたい、そして１００年間継続し、地元に貢献できる会社をつくりたい」との思いで出雲土建株式会社を創業しました。その思いの通り、創業当時より、親族の多い会社でなく地元で多くの雇用を生んできた会社です。

しかし、経営環境は厳しいときもあり、１９９1年、石飛さんが代表取締役に就任された当時は、売上高が約10億円に対して負債が約10億円ある倒産寸前の状態でした。石飛社長はそこからその状況を全て真正面から受け、社員の雇用確保からも全て逃げずに取り組み、現在ではほぼ負債も処理し、地元で公共事業入札の際にも財務状況が優良と判断がされる会社となりました。石飛社長は言います、「苦難から逃げると追いかけてくる。苦しいことを我慢し前向きに

行動すると必ず良いことがおきる」と。

また、「この苦しい時期にいろいろなご縁をいただき、多くの方に助けていただいた」と石飛さん。「そのご恩を忘れず、恩に感謝し、恩に報いる。ご恩返しは、100年継続して、地域になくてはならない会社となり、地域社会に貢献すること」と言います。

現在では土木事業・建築事業・造園事業・リサイクル事業を中心に、関連会社である出雲カーボンと合わせて経営をしています。

社員のモチベーションが高い要因

同社主事業である、建設業全般については、経験を積んで、いわゆる一人前になるのに年数がかかる業種です。同社では後輩へのサポートも手厚く、若い社員が良い経験を積むことのできる風土ができています。建設事業部の松本さんは「若いスタッフには早く仕事を覚えて、お客様から感謝される仕事ができるようになってほしいです。それが、本人たちのやりがいになりますので」と言います。そんな会社の優しい環境を証明するように転職的離職率も、業界平均をかなり下回る5・7％となっています。

これは、石飛さんが社長就任時、まず決めた3つの経営理念の基本的な考え方である「人に喜ばれる仕事をする会社」が大きく関わっています。この経営理念は創業者からの教えが大きく影響しており、石飛さんは、「創業者の思いを会社の方針に決めた」と言い切ります。

創業者からの忘れられない言葉を紹介します。「与えた恩は、忘れろ」、「受けた恩は、深く感謝し一生忘れるな」、「人に喜ばれることを徹底しろ」、「自分の家族や会社だけでなく、親戚も身のまわり誰もが良くならなければ、だめだ」。このような思いを持って、誰よりも人に喜ばれる仕事をし続ける石飛さんの背中を、社員たちが一生懸命追いかけている印象を受けました。

もちろん、石飛さんは社員を大事にし、社員がやりがいを持って仕事ができること、人として成長できることをいつも考えています。それがお互いのモチベーションを上げている要因なのです。

代表的・ユニークなモチベーションを高める取り組み

２０００年、経営状況が最も苦しいとき、石飛さんは新しいビジネスへの挑戦をします。同社は、リサイクル事業として、コンクリート廃材を受け入れ砕石に再生する事業を行っていました。さらに、２０００年の建設リサイクル法の公布をきっかけに木材廃材を受け入れ、「木材廃材を再生した木材チップを木炭へと有効活用できないか」と考えました。

炭について日本全国の炭関連の工場を視察し、２００１年に日本で最大級の炭化プラントを建設。また、島根大学をはじめとする研究機関と共同で研究を重ね、同社ヒット商品である『炭八』を開発したのです。

これまでも、炭を使った商品は多く販売されていましたが、「炭八」は様々な研究を重ねた本物の除湿効果、空気浄化性能だけでなく、木炭を様々なサイズの袋に入れることにより、今まで多く使用されていた床下だけでなく、押し入れ用・タンス用・くつ用など用途の幅を大きく広げ、大ヒットしました。

また、「炭八」を天井や床下に敷き詰めた賃貸マンション「炭の家」を開発・建築しています。島根県は全国有数の湿度の高い地域ですが、「炭八」の除湿性能により、住む方の体にやさしい生活環境を実現することが、多くのテレビ番組に取り上げられ、空気の良さを実感した方々がお住まいになり、常にほぼ満室状態であり、部屋が空くのを待っている方もいる状態です。

さらに、「炭八」の性能は高い効果が認められ、一般のご家庭だけでなく、同社地元の出雲大社でも使われています。拝殿の床下部分へ敷設することによる除湿効果だけでなく、参道の黒松の根の部分に「炭八」を埋設し、樹勢回復という、今までの使い方では考えられない用途にまで採用されています。

経営上の選択と集中という観点で言うと、石飛さんの選択したのは、環境、地球温暖化防止でした。その選択分野に集中し、多くの時間と研究費用をかけて、本物の仕事を追求した結果、会社の体質まで改善する商品となりました。「このようなお客様に信頼されて、喜んでいただく商品を製造し、販売できることがとてもうれしいし、やりがいがある」と社員の方々は言います。まさに、本物の仕事がモチベーションを高める取り組みとなっています。

今後重視・充実したいモチベーションを高める取り組み

石飛さんは、今後さらに「知恩、謝恩、報恩の心で本物の仕事をする」ことを目指していきます。この中には、当然働く社員や協力業者に対しての恩返しも含まれています。

社員全員に会社負担でがん保険を掛ける、社員が休日を取りやすく残業の少ない働き方改革を進める。協力業者への手形を廃止し全て現金払いに変える等の労働環境の改善を進める。

このような取り組みはもちろんですが、本質的には一緒に働く皆がやりがいを持って、全力で仕事に打ち込める会社をつくることに力を注いでいます。そんな仕事の中で、社員一人ひとりの人間力が向上していくことを、石飛さんは目指しています。

お世話になった恩を忘れず、恩に感謝し、恩に報いる。ご恩返しは、１００年継続して地域になくてはならない会社となり、地域社会に貢献すること。こんな会社になることを社員全員で目指すことこそが、同社のモチベーションを最大限に高めているのです。

企業データ

社名▼出雲土建株式会社　代表者▼代表取締役社長・石飛裕司　創業年▼１９８０年
所在地▼〒６９３―００３３ 島根県出雲市知井宮町１３８―３
主事業▼土木事業・建築事業・造園事業・リサイクル事業
従業員数▼73名（男性61名、女性12名）　平均年齢▼46・８歳　最年長▼72歳

社会福祉事業

幸せになるための法人創りで職場定着率100%の社会福祉法人

社会福祉法人雲南ひまわり福祉会（島根県雲南市）

社会福祉法人は社会福祉事業を行う非営利の法人で、現在全国各地に2万1千法人以上存在しています。社会福祉法人を経営する上での共通の悩みは、入職希望者が少ないことと、心身ともに大変な仕事のため離職率が高く、慢性的な人財不足であるということです。

しかしながら、社会福祉法人雲南ひまわり福祉会の実態は全く違います。それは、同法人で働きたいという人がたくさんいるということです。ですから、地域のハローワークからは、「採用の計画はありませんか？」というお声掛け、それに、取引先の業者の方から「私の子どもはどうでしょう？」などといったお声掛けもあるといいます。

また、スタッフの離職率は20％以上という業界にあって、同法人の離職率は令和5年9月末日現在で、12年と6カ月、ゼロの状態が続いています。つまり、12年6カ月もの間、職場定着率は100％という社会福祉法人なのです。スタッフ数は49名と中堅規模の法人ですが、今や社会福祉法人ばかりか一般企業の経営者の間でも話題にのぼる社会福祉法人です。

モチベーションが高い要因

スタッフのモチベーションが高い最大の要因は、経営のあり方・進め方にヒントがあります。このことは、前述のとおり、12年半正規スタッフで離職率ゼロという事実に示されています。

同法人では、〝幸せ〟をテーマに基本方針を掲げています。2021年度には新たに「幸せ委員会」を立ち上げ、〝幸せ〟をとことん追求しています。あるスタッフからは、「私は〝幸せ〟を『感動の実体験』と定義しています」というお話を伺い、この幸せづくりこそが、自主的貢献意欲（エンゲージメント）につながっているのだと考えさせられました。さらに、「子どもや友人に対して自信をもって紹介できるような法人」、「スタッフがそれぞれの退職を迎える時、雲南ひまわり福祉会に勤めていてよかったと言ってもらえるような法人でありたいと、いつも仕事に取り組んでいます」と熱く語ってくれました。

よりよい職場づくりのため、現場の声を第一義に、スタッフからの意見や要望をボトムアップ方式により収集し、みんなの手でカタチに残そうと努める意志が伝わってきました。

いつぞやあるスタッフから聞いたエピソードがあります。

ある日のこと、女子高校生が夏休みに「ボランティアをしたい」と依頼に来ました。聞くと、その高校生のお母さんが同法人のスタッフでした。

その女子高校生は、「お母さんが、仕事からいつも笑顔で帰ってくるんです。そして、『私の職場はこんなにいいところだよ』って話しくれるんです。よっぽどいいところだと思ってボランティアとして行ってみたいと思いました」といった旨を話してくれたそうです。このエピソードを聞いただけで、同法人のスタッフのモチベーションがなぜ高いのかが良く理解できます。

モチベーションを高めるための代表的・ユニークな取り組み

同法人の素晴らしさは、視察の際のスタッフの言葉からもうかがい知れます。「モチベーションを高めるために何かをするというよりは、幸せになるための職場を創るためにみんなと相談しながらやってきただけですよ」と。あえてスタッフのモチベーションを高めるための事業の一端を紹介するとすれば、次の「積立年次有給休暇制度」「採用時から年次有給休暇の22日付与」「特別休暇制度」「傷病手当金制度」等があります。

■積立年次有給休暇制度

同法人の積立年次有給休暇制度は、時効で消滅してしまった年次有給休暇を繰り越し活用してもらう制度です。具体的には年度を単位として10日、最大60日を積み立てることができます。スタッフが病気や事故等により長期の休暇を余儀なくされた場合に活用できる制度です。

■採用時から年次有給休暇の22日付与

年次有給休暇の付与日数は、法律で決められています。簡単に言えば、6カ月以上継続して働き、かつその間8割以上出勤した段階で10日間の年次有給休暇が付与されます。その後は1年経過後、1日から2日が付与されていき、6年半以上になると最長20日になります。

しかしながら同法人では、勤務日数に応じた比例付与はあるものの、原則、採用時に有給休暇が22日も付与されるのです。あるスタッフは、「採用時から22日付与のお話をさせていただくと、多くの方が驚かれます。ですが、採用後、6年6カ月経過すると、労働基準法上、20日の付与が最低条件となります。それなら、これから長年一緒に働くスタッフなのだから、初めからその分付与すれば安心して働けそうですよね。ちなみに、求人票にも特色として挙げることができますよ」と当たり前かのようにさらりと話しました。

■特別休暇制度

これは年次有給休暇とは別枠での特別な有給休暇です。同法人の特別休暇は、スタッフの誕生日休暇・家族のアニバーサリー休暇・人間ドック受診推奨休暇等です。人を大切にする一般企業の多くは実施している特別休暇ですが、社会福祉法人や介護業界では先進的と思います。

■傷病手当金制度

この制度は健康保険法に規定されている制度で、病気やけが等でやむを得ず、長期にわたり、仕事を休まなければならない時に、スタッフやその家族の生活を守るための制度です。

同法人では、傷病手当金制度を活用するスタッフに対して、さらに積立年次有給休暇制度、採用時から年次有給休暇の22日付与、特別休暇制度等の組み合わせを活用して職場復帰することをそのスタッフの状況に応じて提案してくれます。

今後重視・充実したいモチベーションを高める取り組み

かつて、69歳になるスタッフが病気のため約半年働くことができませんでした。同法人側は、「職場に迷惑を掛けるから、退職しないといけない」、「法人も退職をさせたいだろう」と本人が思っているのかもしれないと勝手に想像していました。そこで、同法人の役員、そして担当スタッフは「どんなことがあっても復帰して再び活躍をしてほしい」と、本人にメッセージを送り続けました。6カ月後無事に復帰したそのスタッフは、復帰する際「雲南ひまわり福祉会に恩返しがしたい」と目頭を熱くされて話したそうです。

今回の視察を経て、これからも一人ひとりの人生を大切にして、スタッフやその家族にとって、かけがえのない法人に進化していく。そう実感しました。

企業データ

社名▼社会福祉法人雲南ひまわり会　代表者▼理事長・横山元裕　創業年▼２０００年
所在地▼〒６９９－１３２３ 島根県雲南市木次町東日登３５１番地5　主事業▼社会福祉事業
従業員数▼49名（男性12名、女性37名）　平均年齢▼44歳　最年長▼72歳

地域と協力し、共に栄える地域一体型経営

協栄金属工業株式会社（島根県雲南市）

金属製品製造業

協栄金属工業株式会社は、島根県雲南市掛合町にある精密薄物板金加工の会社です。厨房機器や農業機械、医療・介護器具など、計4千種類以上の金属部品を手がけます。社長の小山久紀さんは、一般社員から入社4年目で社長に就任しました。借入金9億円の連帯保証人を引き受け、倒産の危機から社員と共に現場改革を実施。その結果、赤字を脱却し、現在11期連続の黒字決算となる、文字通りのV次回復を果たしました。

社員と一緒に様々な問題に取り組み、社長就任1年目で売り上げが15・8％増え、生産リードタイムは3日短縮、1年で7500万円の経営改善をすることができました。

小山さんは、会社が経営不振で苦しい時、前経営陣がリストラを選択しなくてはならなくなった経験から、「私は、今後リストラはしない。社員の幸せのために経営しよう」と覚悟を決め、既成概念にとらわれない大改革を行ってきました。地域一体型経営・障がい者雇用・社内改革

等の実績から、各業界の経営者や行政関係者など、年間200〜300人の見学者が工場を訪れ、現在では合計2500人以上の方が視察に来社されている注目の企業となっています。

モチベーションが高い要因

会社訪問した際の、社員の明るく元気な挨拶、一生懸命説明する姿、イキイキと働く姿に感動しました。小山さんが社長に就任されてから、「社員の声にしっかりと耳を傾け、良いと思ったことは、なんでも実行する」という企業風土がつくられ、徹底して働きやすい環境を目指し、常に「改善・改革」を実施。そんな小山さんの社員に対する熱い思いが届いているからこそ、社員はモチベーション高く、働けているのです。

改善例としては、①工場屋根の遮熱塗装工事による暑さ対策、②工場内の冷暖房の設置、③LED照明の設置、④トイレの修繕、⑤休憩室改修工事、⑥エアコン付き喫煙室の設置等、13年間で合計4億7273万円の工場内設備投資を実施しました。

また、就業時間は8〜17時が定時ですが、家庭の都合に合わせて出社時間をずらす配慮を行うなど、社員一人ひとりの状況を考えた柔軟な働き方改革も行っています。

仕事以外でも社員同士の親睦を深める一環として、バーベキューや忘年会（毎年）、社員旅行（2年毎）を実施しています。働く社員の心と身体の健康をフォローし、毎年行うストレスチェックの結果を基に問題解決を図ることで、体調不良のある社員も年々減少しています。平成29年度には高ストレス者20・０％でしたが、現在は12・２％。環境改善の結果が数字に表れる中、社員から積極的な意見が多く出てくるようになりました。美化のための自主清掃やムダ取り改善などは社員の提案から実現したもので、今では６班体制による敷地内や工場内の３Ｓ活動を、毎朝10～60分かけて行っています。

小山さんの重要視している行動指針「やってみてから考える」が、社員のモチベーション、自主性を高めています。また、教育に関しては、新入社員教育やベテランの再教育も含め、社内・外部研修を積極的に計画し、令和４年度は59回実施。障がいのある方でも最高の仕事ができる環境、やり方を皆で考え、日々改善を行っているのです。

モチベーションを高めるための代表的・ユニークな取り組み

小山さんは「障がい者雇用を始めた結果、会社の業績が格段に良くなりました。障がいのある方と一緒に仕事を行うことで、他の社員は面倒見が良くなり、優しくなったのです。一生懸命に働く姿に感化され、職場の雰囲気が良くなり、全社員のモチベーションが上がりました」と言います。障がい者雇用がモチベーションアップにつながったのです。

そして、一つのエピソードを話してくれました。

前職のストレスが原因で心の病となり、障がい者施設で２年間実習を受けた20代の男性が入社しました。その男性のお母さんは、息子さんのある写真を見て、涙を流されたそうです。そこに写っていたのは、バーベキューの時、皆の前で楽しそうにカラオケをしている息子の姿でした。小山さんを中心に、皆で思いやり、一人ひとりと真剣に向き合っているからこそ、このようなあたたかい会社となり、さらに人が集まってくるのでしょう。

現在の障がい者雇用率は、なんと10・14%で、島根県雲南市で一番の会社です。障がいのある社員一人ひとりの体調や特性に応じて適材適所な職種に配置し、設備投資・効率化・見える化などの負担軽減やミス防止の改善対策を会社全体で実施。さらに「作業手順の簡素化」「多能工化」等を行うことで、結果として生産性も上がりました。小山さんは「障がいのある方全員に一斉に休まれると、生産はストップします。障がいのある方は強力な戦力です」といいます。

地元とのかかわりでは、インターシップ・職場体験の受け入れを積極的に実施し、これまで合計150人以上を受け入れました。山深い中山間に位置する掛合町の高齢者率は48・26%。人口減少が著しい過疎の町ですが、毎年、新卒を中心に多くの入社希望者が集まります。地元の高校生の雇用にも積極的に力を入れ、新入社員が働きやすい環境づくりに日々努力し、学校の先生から「この会社は良い会社です」と推薦され、入社された方も多いといいます。

毎年4月1日の経営指針発表会では、「中期利益計画」「設備投資計画」「採用および待遇改善計画」等、41項目について今後の方針や思いを共有します。向かうべき方向性が分かることが、社員のモチベーションの向上につながっています。

今後重視・充実したいモチベーションを高める取り組み

小山さんは島根県全体を盛り上げるために、様々なメディアへの取り組み掲載、島根県議会特別委員会での登壇や学校・各種団体での講演など、多くの広報活動をしています。地域の雇用を守る会社。「大切なふるさとを守ることが使命、地域社会全体の発展に貢献することが存在意義」と、小山さんは語ります。社名である「協栄」の「協」には、「株主・地域・社員の力を合わせる」という意味が込められています。夢と希望、感動と感謝、楽しみと幸せ、そしてみんなの笑顔を創造する企業を目指しているのです。

「社員を信じて思うようにやらせることで、社員のモチベーションが上がりました。『人』のモチベーションが上がる環境をつくるのが経営者の仕事です」と小山さん。社員の幸せを第一に考え、誰でも働きやすい会社をつくること。「多様性は可能性」と考え、一人ひとりに合わせた環境に変えていくことなど、これからもモチベーションを高める取り組みは続きます。

企業データ

社名▼協栄金属工業株式会社　代表者▼代表取締役社長・小山久紀　創業年▼１９７２年
所在地▼〒６９０－２７０１　島根県雲南市掛合町掛合１８６５番地
主事業▼厨房機器関連・農業機械関連製品製造
従業員数▼74名（男性62名、女性12名）　平均年齢▼42歳　最年長▼78歳

明るく・楽しく・元気よく～地域の皆様とともに～

株式会社さんびる（島根県松江市）

総合ビルメンテナンス業、他

株式会社さんびるは、ビルメンテナンス業から創業し、島根県、鳥取県をはじめ、主に山陰地方にて指定管理業、健康福祉事業、教育（さんびるアカデミー）事業を中心に事業を展開し、設立45周年を超えた歴史ある企業です。

現在の代表取締役社長は田中正彦さんで、２００６年に2代目社長に就任しました。最近では後継者不足の問題から廃業を余儀なくされた会社からの依頼を受け、M&Aにて事業継承し、現在グループ17社、社員１１００名超の大規模事業者となりました。同社が提供するサービスの幅は建設、空調、防災などさらに広がり、地域にとって欠かせない会社となっています。

モチベーションが高い要因

社員のモチベーションが高い最大の要因は、「社員のモチベーションを高めたい」という田中さんの熱き思いが強いことです。同社では以前こんなことがありました。

ある社員が子どもの学校への届け出資料に、同社の社名ではなく派遣先の病院名を書いていました。あるとき、その子どもが急病となり、学校が保護者に連絡を取るため病院に連絡すると、該当者が見当たらないという事件が発生しました。

これを聞いた田中さんは情けなさ、やるせなさを感じずにはいられませんでしたが、このことが、逆にいい会社とはどんな会社かを考えるきっかけになったといいます。

同社は「人財」が商品のサービス業であることから、その中でも特に風土作りに注力してきました。マネジメント社員（１５０名）面談は年に2回、田中さん自らが実施します。業務のことはもちろん、プライベートの相談まで引き受けてくれることから、なんでも言える・お互い様の組織風土があります。

この風土は著者の会社訪問時にも随所に見受けられ、入室時の全社員によるお出迎え、応接室ならぬ「おもてなし室」でのウェルカムメッセージ・お菓子・ドリンクのおもてなし、退社時の全社員による温かい笑顔でのお見送りなど、全員が一体感を持って仕事に取り組んでいる様子が伝わってきました。

同社のモチベーションレベルは、現場職・営業職・事務職等を問わず、大半の社員がかなり高いレベルで、田中さん曰く、社員が平均して、自分が持っている知識や能力を十二分に発揮しているそうです。

モチベーションを高めるための代表的・ユニークな取り組み

同社には、「役員・社員株主制度（持株比率１００％）」「5年毎の永年勤続表彰&北海道旅行」等、社員のモチベーションを高めるための取り組みが多々ありますが、代表的な二つを紹介します。

一つ目は、非価格競争サービスの構築と毎月の社員表彰です。

同社では、スタッフ全員がお客様の笑顔と喜びを求め、常にきれい、安心、感動を提供するよう心掛けています。

お客様からのクレームやお褒めの言葉を「ハートコール」と呼び、現場から会社への連絡は5分以内、全社周知は3分以内、お客様への第一報の電話は3分以内、と常に全員への共有とスピード対応を行うことなど、安心と感動のサービスを提供する仕組みが構築されています。

そして、ただ単に清掃するのではなく、患者様やスタッフとの何気ない会話から求められていることを察知し、お客様へ提案もします。日々の環境整備が徹底されているからこそ挨拶も素晴らしく、客先の朝礼において挨拶指導を頼まれるほどです。

その結果、価格競争に陥ることなく、同社が値決めを行えることが社員のモチベーションを高める原資となっているのです。

また、このような素晴らしいサービスを提供することで、お客様からお褒めの言葉を頂戴することが多く、毎月その内容を吟味し、社長賞として社員表彰を行っています。社長賞をもらうことでさらにお客様の笑顔と喜びを求め、モチベーションアップにつながることは間違いありません。

二つ目は、様々な地域貢献活動による地域からの評判です。

同社には地域貢献チームやＥＳ向上チーム、ＣＳ向上チームなど八つの横断的組織がありますが、とりわけ地域に根ざした地域貢献活動では、多様な取り組み（托鉢活動、ボランティア活動、スリッパ卓球大会、災害復興イベント、ＳＤＧｓ活動等）を行っています。

地元の小学校・中学校へ出張して行う「子ども☆夢未来塾」では、田中さん自ら思春期の子どもたちと夢を語り合います。また、田中さんだけでなく、社員も講師として高齢者施設を中心に健康講座・運動指導を行っており、こうした出張講座を実に年間60回以上実施しています。

こうして地域の幅広い年齢層の方々と共生することで、地域の方から「いい会社ですね」と言われることも、社員のモチベーションアップにつながっています。

今後重視・充実したいモチベーションを高める取り組み

同社が特に注力しているのは、なんでも話せる組織風土づくりです。

スタッフは１１００名を超すものの、全員がファーストネームで呼び合うことで距離が縮まり、田中社長自身も「まさひこさん」と呼ばれています。田中さんが各営業所を訪問すると、新入社員とハイタッチを交わすほど距離が近いそうです。
今後も組織風土を醸成するための社員旅行、懇親会、交流会、感謝祭等のイベントを充実させ、同社の社員のモチベーションはさらに高まっていくことでしょう。

企業データ

社名▼株式会社さんびる　代表者▼代表取締役社長・田中正彦　創業年▼1977年
所在地▼〒690－0045 島根県松江市乃白町薬師前3―3
主事業▼総合ビルメンテナンス、指定管理、健康福祉、教育（さんびるアカデミー）
従業員数▼1128名（男性396名、女性732名）平均年齢▼54歳　最年長▼85歳

うちを選んでくれた社員の人生が良くなる会社をめざす

島根電工株式会社（島根県松江市）

総合設備工業

　島根電工株式会社は、１９５６年設立の総合設備工事業です。本社は松江市ですが、その活動拠点は島根県と鳥取県の全域におよび、グループ会社を含めると社員数６３７名と、山陰地方では業界ナンバーワンの企業です。

　もともとは公共工事が大半を占め、かつ大手ゼネコンの下請け的な企業でしたが、公共事業の削減による先行き不透明を直視し、30年ほど前から社員と家族の命と生活を守るために脱公共工事を宣言し、Ｂ to Ｃ、つまり個人を対象とした各家庭の電気工事や、水回りなどのお困りごと解決をビジネスとする「住まいのおたすけ隊」事業をスタートさせました。

　社員の努力と苦労が見事に実り、今や同社全体売上高１８０億円の半分以上はこの１００万円以下の小口工事や提案工事で占め、公共工事の穴埋めどころか、全体の売上高がほぼ右肩上がりに順調に成長していることに貢献しています。

モチベーションが高い要因

社員のモチベーションが同業他社と比較しても抜きんでて高い最大の要因は、このおよそ30年間、トップが、業績ではなく社員とその家族の幸せ重視の経営を行ってきたことです。ゆえに、ほとんどの社員がトップをはじめとする経営層を信頼・尊敬しています。

ちなみに同社の経営層が経営の中核に据えてきた経営の考え、ありかたは「うちを選んでくれた社員の人生が良くなる会社」「社員の成長をいちばん喜ぶ会社」「社員の教育と育成にひたすら力を注ぐ会社」です。

こうした社員第一主義・社員の成長重視主義の経営と、そのためのきめ細やかな教育育成プログラムの実施が同社の社員モチベーションを高めている源です。

モチベーションを高めるための代表的・ユニークな取り組み

社員のモチベーションを高めたいという強い思いで取り組んでいることは、「終身雇用制度」「未来ビジョン会議」「家族懇談会」「ビッグブラザー制度」「営業マニュアル本」「社内他部門インターンシップ制度」「多彩な研修参加制度」「事業部門独立採算制度」「各部門5ヶ年事業方針計画書の策定」「お互いをもっと知り合う社内報」「家族ぐるみ大運動会」「従業員持株会」等です。これらの取り組みの中から読者の参考になる取り組みを五つ紹介します。

■①終身雇用制

現在多くの会社の定年は65歳、その後は本人の希望と会社の都合などから一部社員が再雇用されるというのが一般的です。しかしながら同社は定年一律65歳ですが、その後の再雇用は本人の働く意欲があることが条件で、希望があれば何歳でも働ける、まさに終身雇用制度です。それどころか高齢で向いた仕事がなければ、あえて創っています。こうしたこともあり、現在同社で働く65歳以上の社員は20名で最高齢は78歳、広島支店の寮母さんです。

■②家族懇談会

家族懇談会は、入社3年以内の独身社員の家族（父母等）を対象としたイベントです。年に1度松江市内のホテルを会場に会食をしながら会社の近況報告や、該当社員の近況をご説明するといった内容です。なお、当日の社員の参加は不可です。スタートしたのは１９６０年ですから、既に63年間継続して実施されている島根電工の代表的なイベントの一つです。目的は若い社員の家族にも会社のことをよく理解認識していただくとともに、とかく家族とのコミュニケーション不足の社員の近況を知っていただくためです。加えて言えば、ご家族からも社員の近況を聞くことでこの社員の成長に役立てたいからです。会社はもう一つの家族なのです。

■③ビッグブラザー制度

近年、大学卒業の新入社員の離職率は1年で1割、3年で3割です。辞める多くの新入社員は、ミスマッチや人間関係・相談相手がいないといったことが理由です。こうしたことをなくすために実施している制度です。具体的には新入社員一人にお兄さん役・お姉さん役の先輩社員が一人付き、常に一緒に仕事をしたり、プライベートなことも相談にのったりするといった制度です。

同様の制度を導入している企業はありますが、同社の特徴は担当する先輩が半年ローテーションであるということです。これにはいろいろな仕事を経験させたい思いもありますが、より大きな理由はその先輩と気が合う合わないがあっては新入社員本人が困るからです。

こうした気配りもあり、同社の新入社員の離職は少ないばかりか、そのモチベーションも高くなっています。

■④家族ぐるみ大運動会

かつては、ある程度以上の規模の会社では仲間意識や親睦を深めるために企業主催の運動会が開催されていましたが、近年では社員が好まないといった理由で開催しない企業が多いのが現状です。島根電工では逆にこのことを重視し、毎年5月に一日がかりで大運動会を開催しています。事業所ごとにチームワークを発揮し、様々な競技を競い合うのです。参加者は社員はもとより、社員の家族、さらには協力企業の方々も参加するので、総勢1000名を優に超える、島根県でも有数の名物大運動会です。

■⑤従業員持株会

同社には社員を対象にした従業員持株会があります。今では社員が単に雇用されている側という意識を変え、当事者意識を高めるために実施しています。しかし、もともとは過去、業績が芳しくない時に社員が各々お金を持ち寄り、会社に融資してくれたことが始まりだったのです。この社員の会社への想いを忘れることなく、今では恩返しとして誠実に機能しています。

近年の配当率は10％と高く、平均勤続年数も長いので手放す社員がいません。

今後重視・充実したいモチベーションを高める取り組み

「先代からの基盤を維持して、島根電工教育研修株式会社と社内外から揶揄されるくらい社員教育、研修に注力してきました。社員のモチベーションの根幹は仕事を通じた成長実感や仕事の社会的意義と思います。これからも社員を我が子と思い、世間様から見ても立派な社員だと言われるような社員教育・研修を時代に合わせて進化させていきます」と野津社長は話します。

企業データ

社名▼島根電工株式会社　代表者▼代表取締役：野津廣一　創業年▼１９５６年
所在地▼〒６９０―０８４２ 島根県松江市東本町５―63　主事業▼建設業
従業員数▼４００名（男性３４１名、女性59名）平均年齢▼38・５歳　最年長▼78歳

理念「支える」が溢れる会社と地域

中村ブレイス株式会社（島根県大田市）　義肢装具製造販売業

義肢装具製造販売会社である中村ブレイス株式会社は、１９７４年に島根県大田市大森町で創業されました。

当時の日本はまだ義肢装具の認知度が高くない（障がいは仕方がないと諦めていた）時代でしたが、創業者の中村俊郎さんは故郷の過疎化を解消するため、一人で事業を立ち上げました。その場所は、世界遺産の石見銀山に位置しているものの、コンビニも無い人口約４００名の町で、同社は「日本一辺鄙なところにある」優良企業として有名です。

ちなみに社名の「ブレイス」とは「支える」という意味で、この言葉は会社の理念にもなっています。詳しく話を伺うと、この「支える」という言葉のとおり、さまざまな場面において、この会社がお客様や地域、そして、会社自体を「支えて」いることがわかります。

２０１８年には、創業者の父・俊郎さんから2代目の長男・宣郎さんへ、代表取締役社長が受け継がれました。俊郎さんは起業の際、渡米して技術を習得、通信教育を経て、産みの苦しみを味わいながら、ふるさと大森町のため、古民家再生や石見銀山世界遺産登録の立役者として尽力されました。

宣郎さんは先代を心から尊敬し、「とても先代には敵わないけれども、思いはしっかりと受け継いでいく」と、覚悟を持って就任されています。就任前には、後悔のないよう一から学び直すつもりで、通常の勤務をしながら大学院の研究室で装具開発について学びました。

そんな謙虚で誠実な宣郎さんを、全従業員80名が〝支えて〟います。

また最近では、会社の事業活動に賛同する同志も現れ、大森町はよりいっそう活性化が加速しています。宣郎さんは絶対的存在だった俊郎氏さんとは別の方法で、中村ブレイスを、そして地元大森町を成長へと導いています。

社員のモチベーションが高い要因

中村ブレイスには、国家資格である義肢装具士が何名も在籍しています。

義肢装具士は病院等に出向き、患者様と直接対話をします。そして、医師の処方を基に、自らがその患者様の要望も聞きながら義肢装具を製造します。そのコミュニケーションは、微調整等含めると多岐にわたります。コミュニケーションを深めるごとに、患者様がどのくらい困っているのかはもちろん、気持ちもよりいっそう入っていくので、休日返上してでも「一日も早く届けしたい」という思いが強くなるそうです。

このような、患者様にとことん寄り添うスタイルが、「休みなんかいらない」という気持ちになるぐらい熱心に仕事に励むモチベーションの高さにつながっていると、宣郎さんは言います。

また、中村ブレイスでは個々のオーダーメイド製品はもちろん、自社製品も製造しています。その種類は200種類以上に及びます。

驚くべきは、その自社製品もラインによる機械での製造ではなく、一つひとつ手づくりしているということです。手づくりすることで、自社製品をカスタマイズするなど柔軟に対応できることに加え、一つひとつ〝支える〟気持ちを込めてつくることを大切にしている表れです。

モチベーションを高めるための代表的・ユニークな取り組み

■古民家再生

創業当時より、過疎化が進むこのまちを「昔のように活気あるまちにしたい」ということから、古民家再生に取り組んでいます。現在までに65軒が再生されました。来年創業50周年を迎える同社にとって、1年に1軒以上のペースで古民家を再生している計算になります。

再生した古民家は、オペラハウス、宿泊施設、パン屋などに蘇るほか、中村ブレイスの従業員の社宅としても利用され、全従業員80名のうち26名がそこに住んでいます。この取り組みもあってか、一時は園児が1名まで落ち込み廃園寸前だった保育園も、中村ブレイス従業員の子どもたちや古民家に魅力を感じる子育て世代の移住により、少しずつ園児が増え、現在は30名弱にまでなっています。

そして、昨年は、島根県立大学の協力のもと、古民家を町の図書館に再生しました。会社の取り組みがまちを活性化させています。自社の取り組みにより、目に見えて自分たちのまちが活性化していることの自負もまた、モチベーションを高める要因となっています。

■各種表彰制度

毎週火曜日の朝礼では、各１名、現在取り組んでいることや改良したことなど、個人の研究発表の場を設けています。全員発表するには半年以上かかりますが、優秀発表者は表彰されます。

さらに年１回、各グループに分かれて、技術研究を題材にした大研究発表会を開催しています。これには社長賞、会長賞、専務賞などの表彰があり、従業員全員が本気でぶつかり合います。これらの表彰は技術の底上げや競争意識、仲間意識の向上など、様々な効果をもたらし、社員のモチベーションを高めることにつながっています。

今後重視・充実したいモチベーションを高める取り組み

２０２４年、同社は創業50周年を迎えます。

宣郎さんには、「従業員とその家族、協力会社様、大森町の皆様、そしてお客様に感謝し、ともに喜びを分かち合いたい」という思いがあります。
また、従業員の意見を尊重し、要望の高いものから順次、福利厚生を充実していこうと考えています。現在は男性の育児休暇と介護休暇の実施に向けて動いています。

企業データ

社名▼中村ブレイス株式会社　代表者▼中村俊郎　創業年▼1974年
所在地▼〒696−0305 島根県大田市大森町ハ132　主事業▼義肢装具製造販売
従業員数▼80名（男性40名、女性40名）平均年齢▼39・5歳　最年長▼70歳

社員が「我が事意識」で会社を大切にしているお多福グループ

オタフクソース株式会社（広島県広島市）

調味料メーカー

オタフクソースは、広島市西区に本社を構える調味料メーカーです。ソース、酢、たれ、その他調味料の開発・製造・販売を行っており、特に「オタフクお好みソース」が広く一般に認知されています。

同社は、１９２２年に「佐々木商店」として創業し、２０２２年には創業１００周年を迎えました。直近５年間ではコロナ禍の中でも売り上げを落とさずに成長し、２０２３年10月にはお多福グループ全体で９２３名の社員数となっています。ＮＢ商品が約７割を占め、ソース類では国内最大手のシェアを誇っています。離職率も３・７％と低く、第12回「日本でいちばん大切にしたい会社」大賞経済産業大臣賞を受賞するなど、四方八方良し経営を実践しています。

モチベーションが高い要因

創業者の佐々木清一氏が名付けたブランド名「お多福」には「多くの人に福を広める」という意味が込められています。この想いはファミリービジネスを通じて、現在お多福グループを統括しているオタフクホールディングス株式会社佐々木茂喜社長（以下、佐々木さん）に至るまで代々受け継がれています。

同社の使命は「食を通じて『健康と豊かさと和』をもたらし、笑顔あふれる社会に寄与します」です。社員数が増えても、社員と役員が対話し、交流しながら理念を共有し、深い理解を促進するために、非日常空間で理念について考える時間を大切にしています。

こうした機会によって、社員に「我が事意識」が生まれます。会社のことを我が事と捉えて、何事においても主体的に、モチベーション高く取り組む。この理念が浸透している証として佐々木さんは、「会社が社員を大切にしているだけでなく、社員が会社を大切にしてくれている」と言います。

２０２２年度には、組織構造をピラミッド型からサテライト型へと改編する方針を掲げました。新しい体制により、グループ各社や各部門が直接的に、横断的に協力することを可能にしています。２０２３年5月に広島で開催されたG7広島サミットでは、国際事業本部、お好み焼課、広報部、営業などの部署が協力して、世界中にお好み焼きをアピールすることができました。主体的に考え、行動する社員の存在が、サテライト型組織で機能していたのでしょう。

また、佐々木さんは９００人を超える社員一人ひとりの名前を覚える努力をしています。佐々木さんのデスク上には、社員の顔写真と名前が並んだシートが敷かれており、日々それを見ながら記憶しているのです。社長が個々の名前を呼びかけることは、社員にとっても大きな喜びであり、親しみを感じる行動です。実際に佐々木さんが社内を案内してくださった際には、社員に気さくに声をかけ、日頃の様子や家族の話など、知らないと話せないような雑談をしていました。社長と社員との距離感が近く、大家族的な社風が十分伝わってきました。

モチベーションを高めるための代表的・ユニークな取り組み

佐々木さんは非日常体験をとても大事にしています。２０２３年はコロナ明けに、社員旅行でハワイを訪れました。この旅行は、部門、拠点の垣根を越えた社員の交流の場のみならず、家族同伴も可能とし、配偶者は半額の負担で行くことができます。

同社は職種別・階層別の教育制度で多岐にわたる研修が設けられていますが、近年は体験型研修を重視しています。「ミッション語り場」では、研修・福利厚生施設「清倫館」での合宿を通じ、理念や使命について語り合い互いを知ることで、同じ目的をもつ仲間としての一体感を高めています。

また新入社員研修では、入社後にまずお好み焼きの焼き方を学び、その後約3カ月をかけてキャベツ畑での栽培から収穫までを経験する「キャベツ農場研修」があり、夏にようやく本業ともいえるソースづくりの研修に至ります。

中堅社員向けの「創藝塾」では、歴史上の偉人のゆかりの地を巡り、その思想や行動を学ぶことで人間性を育み、教養を深めます。また、高校卒業社員には「おとな見聞旅行」として東京へ出向き、他社の工場見学やミシュランレストランでの飲食体験などを通して、社会人としての経験を積む機会を提供します。

これらの非日常体験によるコミュニケーションが社風をつくり、生涯記憶に残る思い出を共有することが、人間関係の形成に寄与し、右脳の感性や想像力を育むと佐々木さんは考えています。

また研修の一環として「全社デモ販売」という取り組みがあります。これは営業担当だけでなく、経理や開発、工場勤務など、普段はお客様と接することが少ない社員がスーパーの店頭に立ち、試食販売を行います。佐々木さん自らも店頭に立ち、お好み焼きを焼きます。消費者の声を直接聞くことで、日常業務のモチベーション向上につなげています。

今後重視・充実したいモチベーションを高める取り組み

これまではワーク・ライフ・バランスを目指し、有給休暇の取得促進や残業時間の削減を行ってきました。しかし、足し算と引き算のように、どちらかを犠牲にして成り立つような考え方ではなく、2023—2024年度のテーマは「ワーク・ライフ・シナジー」を掲げています。

仕事と人生、双方を活かした掛け算で相乗効果（シナジー）を生み出し、個人の人間力と力量を高めることを目指しています。これにより、さらなるモチベーション向上が期待されます。

企業データ

社名▼オタフクソース株式会社　代表者▼代表取締役社長・佐々木孝富　創業年▼１９２２年
所在地▼〒７３３−８６７０ 広島県広島市西区商工センター七丁目４−27
主事業▼ソース、酢、たれ、その他調味料の開発・製造・販売
社員数▼９２３名（男性５１３名、女性４１０名／お多福グループ連結）平均年齢▼40・５歳　最年長▼70歳

月曜の出社が待ち遠しく、日曜からワクワクしてしまう会社

西精工株式会社（徳島県徳島市）

ナットを中心としたファインパーツの製造販売業

西精工株式会社は、徳島県徳島市南矢三町に本社を置く、ナットを中心としたファインパーツの製造・販売をしている会社です。同社の製品は、自動車関連を主力として、家電や建設分野、メガネやおもちゃなどに使われています。

１９２３年に創業し、２０２３年には１００周年を迎えました。創業者は、現社長の西泰宏さんの祖父・西卯次八さんです。同社は、１９５５年に業界初の冷間鍛造によるナット成型方法を確立して以来、「高品質・高精度・極小」の製品を極めています。時代に合わせて、捨てるものは捨て、強みを追求して変わり続け、株式会社になってから64年間、黒字経営を続けています。

社員のモチベーションが高い要因

西さんは、「人づくり」「ビジョンづくり」を大切にしてきました。それは、創業から100年の間、先代たちが人を大切にする経営を続けてきたからです。大切にしてきたのは社員だけでなく、お客様や地域の方、協力会社など、関わる全ての方々です。

モチベーションを高める要因として挙げられるのは、「毎日1時間の朝礼」です。同社社員のモチベーションが高いのは業界でも有名で、実際同社をベンチマークとして視察する会社は、特にこの取り組みに注目します。

この取り組みで大事にしていることは、「一人ひとりを理解しようとすること」「理解してから理解されること」です。西さんは「お互いに、家族のことやどんな思いをもっているかを理解できる仕組みをつくることが、会社の役目だ」と言います。

ある社員は、「この朝礼のおかげで、部署間の壁がなく対話できる」と答えています。また、別の社員は、視察に来られた方の「1時間も朝礼をしたら、生産性が下がるのでは?」という質問に、「朝礼を通して他の人を理解することで、自分の行動や声かけ、考え方が変わり、その結果として、生産性はすごく上がる」と答えています。

また、社員のモチベーションの高さを象徴する言葉として、「月ワク」があります。ある社員が、「日曜の夕方になると、明日はこうしよう、こういうふうに進めようと考えて、月曜日に会社に行くのがワクワクする。それが『月ワク』です」と、楽しそうに話してくれました。

同社では、この「月ワク」を社員の幸福度調査の項目の一つとしていて、今年の調査では、社員の92％が「月ワク」だと答えたそうです。社員の多くがこのレベルに達するまでには、西さんの様々な取り組みや苦労があったことは言うまでもありません。

実際、西さんが入社した当初の１９９８年は、挨拶もできない雰囲気の悪い会社でした。当時の社員は、「ものづくりの仕事は好きだけど、社員同士、仕事以外で関わる必要はない」という考えの人が大半だったため、部署が違えば、挨拶もしない状況でした。

西さんは、２００８年に社長に就任するまでの10年間で、そういった会社の雰囲気を変えようと、評価制度の見直しや社員同士が関係性を深める仕組みをつくりました。もちろん、西さんも積極的に参加し、社員との信頼関係を築いていきました。この取り組みを通して、雰囲気の悪かった時代から、現在の同社の文化ができあがりました。

そして、２００８年、西さんが社長になってすぐに取り掛かったことが主に三つあります。それは、経営理念を新たにつくり上げること、創業者の想いを具現化して「創業の精神」を制定すること、社員と3年間対話して「西精工フィロソフィ」をまとめあげること、でした。

視察に訪れた企業で、同社の朝礼を実際に真似した企業はほぼないとのことですが、「毎日1時間の朝礼」が成り立つのは、西さんがまとめあげた「経営理念」「創業の精神」「西精工フィロソフィ」の三つの土台があればこそです。そういった土台となる哲学や文化がしっかりとしていなければ、他社がそのまま真似しても失敗することになるでしょう。

モチベーションを高める代表的・ユニークな取り組み

西さんは、社員の自己成長の仕組みをつくるのも会社の役目と考え、入社した全社員に「ミッションステートメント」を作成してもらいます。この「ミッションステートメント」は、会社内の業務の話だけでなく、将来、どんな人間になっていくかを目標に作成されます。

進捗状況については、日々行っている朝礼で「ミッションステートメントの日」を設け、その目標に向かって何ができたかを考える時間にしています。また、「1時間の朝礼」はいろいろな部署で実施されるので、部署間の壁がなくなり、チーム内だけでなく他の部署とも意思疎通が図られ、生産性の向上につながっています。

今後重視・充実したいモチベーションを高める取り組み

今後の取り組みとして、社員持株会社制度や定年延長制度などを予定していますが、今、一番に力を入れている取り組みは、3工場の建設プロジェクトです。

今後の会社の発展のためにも必要な投資であり、それ以上に社員の働く環境の改善という観点から、大きなモチベーションアップにつながる取り組みになると考えています。

2022年時点で、既に2工場が新築されました。最後は本社工場の建て替えで、工場機能は2022年に新設した工場に移転し、跡地には自動倉庫を新築して、検査・出荷業務を整備する予定です。

とても大きな投資になりますが、社員は、西さんの働く環境を少しでもよくしたいという気持ちを感じ、今週も、月曜の出社を楽しみにしています。そして、ワクワクしながら出社する社員の笑顔が、西さんの活力となっていることはいうまでもありません。

企業データ

社名▼西精工株式会社　代表者▼代表取締役・西　泰宏　創業年▼1923年
所在地▼〒770―0005 徳島市南矢三町1丁目11―4
主事業▼ナットを中心としたファインパーツの製造販売
従業員数▼244名（男性195名、女性49名）　平均年齢▼41歳　最年長▼81歳

障がい者をＩＴ業界の戦力に

株式会社カムラック（福岡県福岡市）

指定障がい福祉サービス業

株式会社カムラックは、２０１３年設立、福岡市にて障がい者就労継続支援A型・B型、就労移行支援および相談支援を行う事業所です。代表取締役の賀村研さんは「障がい者の雇用を増やし、自立を支援する」という思いのもと、ＩＴ企業に勤めた経験を生かし、「障がい者をＩＴ業界における戦力にする」ことを実現しています。主事業はホームページ作成、プログラム開発、データ入力等、パソコンとインターネットを活用した業務です。障がい者を支援する対象ではなく、ビジネスパートナーや戦力となってほしいと考えています。

賀村さんはこういう思いに賛同頂いた方々との「協業」を大切にしています。数多くの企業と連携し、お互いの強みを生かした事業は地元の経済雑誌に年に数回掲載され、好循環を生み出しています。同社は少しずつではありますが、選ばれる存在となり、障がい者を戦力にする有効性を社会に伝えています。

モチベーションが高い要因

同社にてモチベーションレベルを聴取すると、社員の大半が高いレベルにあることがわかりました。このことは、社員の行動や会社の雰囲気からも明らかです。

賀村さんは各事業所の運営を社員に任せており、運営を任されている社員は当事者意識を持って業務に取り組んで成果を出しています。運営で気になることがあれば賀村さんから社員に声をかけて確認し、それ以外のことは社員に任せています。各事業所での自由度を広げることで、自ら考え、実践する風土が醸成されているのです。

協業では障がい者の親御さんが誇りに感じてもらえるものや露出が高いものを狙います。例えば自動運転のプログラムに関わる仕事で「最先端の技術に自分の子どもが貢献していることはたいへん嬉しい」と親御さんに言ってもらえたり、自治体のホームページに関わることで家族や親族に実際使って見てもらえ、嬉しい言葉をかけてもらえることが増えます。

同社では体調や自分のペースに合わせて働くことができ、適切に休憩することを推奨しています。法定休憩時間以外にも体調に応じて各自で休むように奨励しています。当日無理をして、翌日体調不良で休むようなことがないようにしています。また週報の提出を義務付けており、メンバーの体調やモチベーションに気を配っています。何かあれば面談時間を設け、迅速にメンタル面のケアや相談に親身にのります。

「自分のテンションはかなり高いほうですが、『モチベーション』と『テンション』を混同しないように心がけています」と賀村さん。「精神障がいを持っていたり、対話でのコミュニケーションをとるのが苦手なメンバーに対し、テンションを無理に上げるとモチベーションを下げることにつながる」と言います。テンションが低くても一人ひとりにはちょうどいいレベルがあり、そのことを尊重して接することがモチベーションを長く維持するのに大事なのです。

モチベーションを高めるための代表的・ユニークな取り組み

同社は九州発のアイドルグループとコラボレーションをして、同社のイメージキャラクターに採用しています。社員がＣＤデザインを担当し、ポスターを制作する等、大手広告代理店が担当する業務と同じことを自分たちで考え、形にできることは社員のモチベーション向上に大きく寄与しています。実際、同社の事業所を訪れると、広告の品が溢れ、芸能事務所のような雰囲気が広がっており、ユニークな取り組みが感じられます。

同社の特長のひとつは、段階的支援をカムラックグループで行っていることです。企業に就職するまでの過程を５つのステップに分け、放課後等デイサービス、就労継続支援Ｂ型事業所、Ａ型に行くためのＢ型事業所、就労継続支援Ａ型事業所、就労移行支援事務所等、障がいやＩＴのスキルレベルに合わせた支援を行っています。同じところにとどまらず、段階的にステップアップを目指していける道筋を示すことが、本人のモチベーション向上につながっています。

また、同社の活動は口コミで認知度があがってきており、全国から見学者が訪れます。見学に来たお客様より嬉しいコメントをいただき、社員のモチベーション向上につながっているので、会社ホームページからも見学を積極的に受け入れています。「自分たちの職場は自分たちでつくる」という意識が芽生え、元気なあいさつをかけ続けるメンバーもいます。

今後重視・充実したいモチベーションを高める取り組み

賀村さんは、「社員が喜んで参加してくれる社員旅行を実現したいが、障がいを持つ社員の中には参加できない事情がある方もいる」と言います。社員みんなが参加できるバーベキュー大会等の身近なイベントを増やすことで仲間意識の醸成を図っていく予定です。

さらに、カウンセリング制度や社員の家族への支援制度の充実を通じて、長期的な視点で、社員が無理することなく高いモチベーションを維持できることにつなげていきます。

企業データ

社名▼株式会社カムラック　代表者▼代表取締役会長・賀村 研　創業年▼2013年
所在地▼〒812－0044 福岡県福岡市博多区千代4－1－33
主事業▼ホームページ作成、プログラム開発、データ入力等、パソコンとインターネットを活用した業務
従業員数▼30名（男性18名、女性12名）　平均年齢▼40歳　最年長▼65歳

毎日正直に仕事ができることがモチベーションの源

生活協同組合コープみやざき（宮崎県宮崎市）

生活物資の供給事業（店舗・共同購入）、受託共済事業、旅行事業、生活サービス事業

コープみやざきは、宮崎市に本社を置く食品、生鮮品、雑貨、衣料品を中心とした店舗と共同購入による供給事業、共済事業、旅行事業等を展開する生活協同組合です。

設立は今から50年前の１９７３年、組合員の声を宝に、一人ひとりの願いを「観ること・聴くこと・応えていくこと」で、組合員と職員が一緒に作り育てた組織で、お互いを思いやり助け合う、優しさあふれるくらしを目指しています。「改善無限・知恵無限」と「まずやってみる」を合言葉に、組合員・役職員・取引先が一丸となって知恵と努力を重ねてきた結果、地域に根付き、利用者からも職員からも高い評価を受ける全国有数の生協に成長発展したのです。

モチベーションが高い要因

業界に関係する調査機関が、全国の生活協同組合の職員や組合員（顧客）を対象に不定期の

満足度調査を実施しています。それによると、近年では毎年、同生協の職員はもとより、組合員（利用客）の満足度も全国平均より総じて高く、同業者ばかりか異業種も注目する生協です。

商品棚に商品を補充していた30代の男性スタッフに「この生協のどんなところが好きですか？」と質問すると、少し考えて「毎日、正直に仕事ができることですかね」と答え、さらに、「これまで数社の企業で働いたことがあり、この生協で4カ所目の職場になります。これまでの職場は総じて、顧客に対する対応姿勢が、企業や社員の都合を優先するような職場でした。ある時は、顧客が望んでもいないような商品を、まことしやかな言葉を並べ買ってもらったこともありました。でもこの生協は違います。経営方針もそうですし、上司もことあるごとに『お店ではなく、目の前にいる組合員にとって都合の良いと思えるサービスを、いつでもどこでもしなさい』と言います。ですから、どんな組合員に対しても、毎日正直に仕事ができます。このことが自分にとっての働きがい、やりがいを高めてくれます」と話しました。

また、同生協の組織図を見ると驚かされます。かなり小さな文字でしたが、Ａ３の組織図には、アルバイトを含め２１００名を超す全スタッフの所属と氏名が書かれていたのです。社員が多い企業だと、せいぜい役職止まりで、後は「○名」等となっているのが一般的です。

理事長に聞くと、その意味を「どんな雇用形態、立場のスタッフであっても、一人ひとりに固有の役割と使命があり、組織の一員・仲間であることを伝えたいのです」と話します。

こうした組織風土の中で、一人ひとりが「よかれと思ったことはまずはやってみる」という考え方で親切丁寧な対応をしているため、年間12万件を超える、組合員（顧客等）からの声、そのなかには感謝の声もたくさん届きます。届いた声は組織の中を血液のように流れ、経営陣はもとより関連部署で共有されているのです。これらの声を事業に生かすことで、さらに役立ち喜ばれる事業となり、同生協の職員のモチベーションのアップにもつながっています。

モチベーションを高めるための代表的・ユニークな取り組み

同生協が職員のモチベーションを高めるために取り組んでいることは多々ありますが、ここではその代表的な取り組みを４点紹介します。

第1点は、全社員の知恵が込められた経営方針書で、毎年策定し、それに基づく経営を行っています。その作り方は、前年までの基本方針の軸を変えることなく、日常的な仕事や実践の中から生み出された知恵、必要な修正が加えられ、アルバイトを含む全職員に届けます。そのうえで、全職員が一堂に会する職員総会で、トップや本部長が丁寧に説明。さらに優れた実践を行った職員の実践事例発表もあり、方針と実践とを結びつけて学ぶ場になっています。

つまり、トップの机上での考えを演繹的に説明するのではなく、基本方針に沿った仕事の実践から生み出された、組織の宝となるエッセンスが盛り込まれた、いわば全員の知恵が盛り込まれた全員で創る方針書です。方針の裏付けとなる具体的な実践事例があり、方針の意味が理解しやすいことと、「組合員の都合を最優先する」という行動方針が全職員に共有されており、上司にわざわざ細かい指示を仰ぐことなく、誰でも自分で判断して仕事ができるのです。

第2点は、財務内容の公開です。同生協では、毎月、供給高（売上高）や費用、さらにはその中身を詳細に記した財務内容を全職員に完全公開しています。

それは全社員にコスト意識・利益意識をもって毎日の仕事に取り組んでほしいという思いもありますが、それ以上に重要なことは、「自分が働く生協の実態と課題を皆で共有」し、主体的・能動的な取り組みができるような職員になってほしいからです。

第3点は、コミュニケーションの活性化です。職員の問題意識や仲間意識を高めるため、ハード面・ソフト面から、様々なコミュニケーションアップの仕掛けや場を作っています。それはまるで網の目のようです。その一つが、年2回行われる「マネージャーとの面談」や、役員と職員の膝を交えて本音を語り合う「役員と職員の交流懇談会」です。

マネージャーとの面談での同生協のユニークさは、面談内容と結果が理事長だけではなく、関係するすべての役員や管理職に共有されることです。その内容も、自分が基本方針に沿って努力したことの確認と、仲間の職員で見習いたい人、感謝したい人への内容も確認することで、自分がさらに努力すべきことがはっきりと意識できるのです。また、役員との懇談会では、普段時間をかけて話せない役員と、食事をしながらの話し合いを毎年4会場で開催。ですから、同生協では「言ってもダメ……損をするだけ……」というような職員はほとんどいないのです。

第4点は、お礼状の回覧・共有化です。同生協は、卵1個、乾電池1個でも、さらにはパジャマの片方だけでも買うことができるなど、ノーと言わない店舗であること、職員の接客態度も感動どころか驚愕のレベルです。さらに、お礼状は想像を絶するほど殺到しますが、理事長をはじめ役員はその全てに目を通し、担当部署にフィードバックしているのです。さらに驚くことに、同生協が仕入れたり、発注している商品に関する礼状であれば、その仕入れ業者や生産者にも丁寧に知らせており、内容によっては、同生協の担当者がわざわざ菓子折りを持ち訪ね、お礼を言うことも多いそうです。

今後重視・充実したいモチベーションを高める取り組み

業務量のアンバランスを解消するとともに、職員の成長実感を高めるため、スキルのマルチ化に取り組んでいき、また近い将来、年間休日数を増やすなどして、職員の健康や生活を支援していきたいと思っています。

企業データ

社名▼生活協同組合コープみやざき　代表者▼代表理事理事長・日高　宏　創業年▼1973年
所在地▼〒880―0867 宮崎県宮崎市瀬頭2丁目10―26
主事業▼生活物資の供給事業（共同購入・店舗）、受託共済事業、旅行事業
従業員数▼2114名（男性610名、女性1504名）　平均年齢▼52・1歳　最年長▼80歳

福祉事業

ＩＴ化とロボット化で職員を守る

社会福祉法人スマイリング・パーク（宮崎県都城市）

　スマイリング・パークは、宮崎県第二の都市である都城市に本部を置く社会福祉法人です。創業は今から54年前の１９６９年、保育園の運営法人としてスタートしました。

　現在は子育て支援事業・高齢者福祉事業、そして障がい者福祉事業まで幅を広げ、職員数は５００名、その活動拠点も都城市を中心に60カ所以上を保有する、県内でも有数の社会福祉法人へと成長発展しています。

　社会福祉法人の離職率は大半が20～30％、中にはそれ以上の企業が多い中、同法人の離職率は3％程度と業界平均をはるかに下回っています。そうしたことから、今やその経営手法は全国の業界関係者やそれ以外の企業からも注目されているのです。

　とはいえ、同法人は創業当初から今のような状況ではありませんでした。それどころか、離職率は毎年25％を上回っていたのです。こうした状況下で同法人が今のように大きく変わったのは、２００２年に入職した現理事長の山田一久さんが特養施設長に抜擢された２０１１年以降、そして変化が加速したのは、山田さんが理事長に指名された２０１６年以降のことです。

そのような経緯から、同法人の今日は理事長の山田さん抜きには語れません。ちなみに、山田さんは東京でサラリーマン生活を送っていましたが、故郷である都城市にUターンしていたとき、23年前に特養開設に向けた求人を行っていたのが同法人で、山田さんは創業者や理事役員とは何の縁もゆかりもない方なのです。

モチベーションの高い要因

山田さんは一職員として入職されて、生活相談員として介護も含め福祉の現場の中枢として活躍されてきました。その中で、手書きの記録に追われる日々、入居者を身体で抱えることの負担等、環境の伴わない介護現場の仕事の大変さについて身をもって体験されました。常日頃から「働く職員が幸せでなければ利用者が満足するわけがない……」と思いながらも、激務に追われていました。やがて現場の同僚から強く推され、施設長、その後は理事になるのですが、現場職の経験から、仲間を大切にしたい想いは決して忘れませんでした。

ゆえに、山田さんが最初に取り組んだのが介護現場の改善改革です。具体的には、煩わしく、かつ残業の原因の一つである記録業務からの解放と腰痛対策でした。山田さんは全職員と議論を重ね、音声入力やスマホ入力での記録機器を導入し、記録時間の大幅な減少、腰痛対策としてリフト機器の導入、配膳ロボットやＡＩ車いす、電子同意アプリ、ミリ波レーダーでの見守り機器等での業務負担軽減、事務業務を含めたデジタルＤＸ化で同法人内の省力化・省人化を進めたのです。

それにより残業時間は劇的に減少し、腰痛で苦しむ職員も激減しました。そればかりか職員の離職率も下がったのです。私たちはよく、「社員であったことを忘れてしまった人が管理職や経営者になると、ろくな管理職・経営者にならない」と言いますが、山田さんの背中と心で示すリーダーシップこそが、同法人の職員のモチベーションの根源だと言えます。

モチベーションを高めるための代表的・ユニークな取り組み

代表的な取り組みは「権限の譲渡」「ガラス張り経営」「合議制」「施設長就任引継書の発行」「78歳定年制度」「有給休暇寄付制度」「海外研修制度」「就労推薦制度」等です。この中から代表的かつユニークと思われる取り組みを、三つ紹介します。

■ガラス張り経営

財務情報はもとより、経営情報の全てを全職員にオープンにしています。しかも、その中身を毎月、懇切丁寧に教えることまでしています。一般的に、財務情報は〝こんなに儲かっているなら、もっと給料を上げろ〟と言われかねないので、一部幹部職以外はオープンにしていない会社が多いのが実情です。しかし、そんなコソコソした経営をしていたならば、到底職員の信頼を得ることも、結果、職員のモチベーションを高めることも到底できません。

■有給休暇寄付制度

職員が自分の持つ年次有給休暇を、他の職員にプレゼントするという制度です。誰しも自分や家族の病気や事故、高齢の親の介護で長期休職をしなければならない場合がありえます。一般的には、２年間使用ゼロとしても40日ほどしかなく、それ以上の休暇となると職員や家族の生活にも支障が出ます。

同法人の職員数は５００名ですから、誰かのために一人が1日をプレゼントすると、５００になります。それなら2年ほど休職しても収入は得られます。まさに、困ったときにはお互い様制度として導入されました。

■海外研修制度

職員の教育研修制度の一環として実施している制度です。希望があれば、法人からの支援も受けながら調整します。研修視察先は、介護先進国であるスウェーデンやデンマーク等、日程は10日間です。帰国後はスタッフの前で報告会を開催します。頑張って誠実に仕事に取り組む職員には海外研修までさせてくれるという経営姿勢が、職員のモチベーションを高めてくれます。

今後重視・充実したいモチベーションを高める取り組み

「ヒトは皆、誰かの役に立ちたい、感動したいと思っています。誰かの幸せのために生きてこそ、人生に価値がある時代だと思います。本当に必要で価値ある介護施設とは、利他の心溢れる、心優しくモチベーションの高い職員が多くいる施設である、と私は考えます。今日も職員第一主義を掲げ、仕事に務めます」と、山田さんは笑顔で語ってくれました。

企業データ

社名▼社会福祉法人スマイリング・パーク　代表者▼理事長・山田一久　創業年▼1969年
所在地▼〒885―0079　宮崎県都城市牟田町26街区16号
主事業▼高齢者福祉事業・障がい者福祉事業、子育て支援事業
従業員数▼496名（男性104名、女性392名）　平均年齢▼48・9歳　最年長▼78歳

第3章

社員のモチベーションを高める6つの方策

第1章で述べた、社員のモチベーションの実態と取り組みや、第2章で取り上げた社員のモチベーションが高い企業の、経営の考え方・進め方を踏まえ、本章では、モチベーションを高めるために効果的と思われる方策を6つ提言します。

1　魅力的で信頼される経営者になる

第1は、経営者自身が社員から信頼される経営者になるということです。

このことは、上述した調査で示されていたように、「経営者や上司への信頼感をなくした時」社員のモチベーションが下がるからです。

自分が所属している企業の経営者に不信感を持った社員のモチベーションは、上がるはずもなく、そうしたモチベーションの低い社員が企業に高い業績をもたらす価値ある仕事をするはずがないからです。

また、社員を企業の業績実現のための手段と評価・位置づけ、まるで原材料やコストのように考える経営者のもとでは、モチベーションが上がるはずはないのです。

逆に言えば、経営者に不信感がないばかりか尊敬・感謝している社員のモチベーションが高いのは当然であり、その結果として価値ある仕事を日常的にしてくれるのです。

社員のモチベーションのレベルは、経営者の経営の考え方・進め方、さらにはその日常的な経営姿勢で決定しているのです。

そのためにも、リーダーシップは権威や権限ではなく、経営者自身の背中と心で発揮すべきといえます。

社員から尊敬・信頼される魅力的な経営者こそが、社員のモチベーションアップに必要不可欠なことと言っても、なかなかそのイメージがわかないので、ここでは第2章で取り上げた企業の経営者をはじめ、社会的評価の高い多くの経営者に共通した特徴と、社員の理想とする経営者像を踏まえ、その人となりを示すことにします。

これらを整理・要約すると、「魅力的な経営者」とは、「自ら業務遂行能力を高め、情熱をもってその能力を発揮することで社員から信頼を得ている人」、「誰に対しても公正で同じように接し、プレない考え方を過去から持ち続けている一貫性のある人」、「社員の根源的欲求である成長欲求、関係欲求、生存欲求を満たしてくれる人」であり、さらに次の特徴が挙げられます。

①実の親・家族のように、一人ひとりの社員やその家族を大切にしてくれる人
②誠実で倫理観がある人
③努力家・勉強家の人
④適格な指示・アドバイスをしてくれる人
⑤決断力がある人
⑥任せてくれる人

⑦聞く耳を持っている人
⑧オープンな人
⑨チャンスを頻繁に与えてくれる人
⑩かげ・ひなたのない人
⑪現場・末端こそを大切にしてくれる人
⑫細かいことをいわない人
⑬ネアカな人
⑭責任を取ってくれる人
⑮リスクを奨励してくれる人
⑯個性を尊重してくれる人
⑰情熱を持っている人
⑱公私混同をしない人
⑲上から目線でない人
㉑自ら率先してくれる人
㉒社員であった頃のことを忘れていない人
㉓フレキシブルな考えができる人
㉔ロマンチストの人

㉕叱ってくれる人
㉖外部に自慢できる人
㉗社員とのノミュニケーションを大切にしてくれる人
㉘誰よりも仕事をする人
㉙自らの引き際を知っている人
㉚権威・権限でリーダーシップを発揮しない人
㉛弱い立場の人を大切にしてくれる人

2 魅力的で信頼される中間管理職を育てる・なる

社員のモチベーションを高めるうえで、経営者と並び重要な人は、その企業の中間管理職・幹部社員です。このことは社員数が多くなればなるほど重要になると思います。

それもそのはず、圧倒的多数の一般社員が、日常的に接し影響を受けるのは、経営者よりは直属の上司である部長や課長等中間管理職・幹部社員だからです。

経営者が、どんなに魅力的で信頼される人であっても、直属の上司である中間管理職・幹部社員が魅力的でなく、社員から尊敬・信頼されていないならば、社員のモチベーションが高くなることはないからです。

魅力的で信頼される中間管理職の特徴・人となりは、基本的には1の経営者のところで述べた31の項目と同じであると思います。違いは、経営者は全社員に対してですが、中間管理職・幹部社員の対象である社員は、自身が長を務める組織のメンバーに対してです。

社員のモチベーションが高い企業を観察すると、経営者はもとよりですが、中間管理職・幹部社員の姿勢・リーダーシップが大きく影響していることを実感するからです。

それでは、中間管理職・幹部社員が、組織メンバーのモチベーションを安定的に高めるためにはどうすればよいのでしょうか。

そのためには、中間管理職・幹部社員は、自身の使命と役割を十分理解・認識するとともに、一人ひとりの組織メンバーのモチベーションを高める言動が必要不可欠です。

中間管理職・幹部社員の使命と役割を一言でいえば、フェロー・メンバーのモチベーションを高め、やりがい・働きがいをもって、価値ある仕事ができるようなリーダーシップを発揮することと思います。そして、メンバーをゆっくり着実に成長させることです。

逆に言えば、上から目線で見た表現である「部下」を「管理」、つまり己の管理下に置くといったことではありません。

筆者らが考え・提示している中間管理職・幹部社員のあり方を、あえて要約すれば次のようになります。

中間管理職・幹部社員は、その組織が、お客様をはじめとした関係する人々の満足と幸せのために、果たすべき使命と役割を明確に示さなければなりません。

そして、その実行に際しては、可能な限り権限の委譲を行い、フェロー・メンバーが、常に最高の状態、最善の方法で職務に専心できるよう良い環境を準備するとともに、継続的にサポートしなければなりません。そして、フェロー・メンバーが成長したならば、邪魔にならないようにしなければなりません。

中間管理職・幹部社員の、最大の使命と役割は、自身の業績を高めることではなく、フェロー・メンバーのモチベーションを高めることです。そして、人財になりたいと意気込む社員を、あらゆる機会をとらえて発掘・発見する努力をし、彼ら・彼女らにこそ、チャンスを与え続けることです。

加えて言えば、ややもすると組織の常識・ルールを逸脱してしまい、とかく変わり者・とがっていると嫌われがちな個性派人財を常に温かく見守り、万が一の場合は、彼ら・彼女らの前向きな言動を、全面的にバックアップしてあげることです。

つまり、社員のモチベーションが高い企業や組織においては、さらに言えば、その結果としての高い業績の企業においては、もともと優秀な社員・モチベーションの高い社員が豊富にいたのではなく、普通の社員をモチベーションの高い社員に変身させてしまう魅力的なトップと、中間管理職・幹部社員が存在しているからであり、また見事な組織風土・企業文化が形成されているからです。

一方、社員のモチベーションが低い、またその結果として、業績が不安定な企業においては、このことが全く逆で、せっかく人財たらんと意気込む社員が自身の目の前にいるにもかかわらず、「管理」という名の鋭い冷たい刃物で、みすみすそのモチベーションを削いでしまっているのです。

経営者の人格・識見・能力は高く、社員から信頼されているにもかかわらず、社員のモチベーションが低い企業の問題は、中間管理職・幹部社員に宿るケースが多くあります。

もとよりその責任の一端は、それを知らない・良しとしている経営者にもあることは当然です。

3 正しい経営の実践

社員のモチベーションを高めるために重要ことは、ぶれず「正しい経営を実践する」ということです。このことは、今回の「モチベーションを下げる要因調査」で、「正しくないことを強要された時」と回答した企業が42・９％もあったことにも示されています。

ともあれ、正しい経営とは、簡単に言えば、「世のため・人のためになる経営」、「お天道様に顔向けのできる経営」、「神様からご褒美をいただける経営」、「人をコストと見ない経営」、そして、「関係する人々が幸せを実感する経営」のことです。

こうした正しい経営を大してせず、自利や損得を重視した経営・人、とりわけ社員やその家族をないがしろにしたような経営をしていたならば、社員のモチベーションが上がらないどころか、日に日に下がるのは当然だからです。

誰かの犠牲の上に成り立っているような経営や、欺瞞に満ち満ちた経営が、心ある社員のモチベーションを高めることはないのです。

どんなに大きなビジネスチャンスであったとしても、正しくないこと・不自然なことならば、やってはいけないのです。

そうした判断は簡単です。自分が相手だったら、自分が指示されたらと、考えればすぐわかることです。

昨今、あいも変わらず、企業の不祥事が目立ちますが、こうした不祥事が発生するのは、経営者の経営能力というよりは、その企業の経営者の資質、もっとはっきり言えば、人間性にこそ本質的問題があると思います。

つまり、著しく資質・人間力を欠いた人を、絶大な権限を持った企業のトップや役員に就かせてしまったからなのです。

また、長年の偶然の繁栄におごり高ぶりが増長してしまい、忠言に聞く耳を持たず儲け主義に走ってしまい、大切なことを忘れてしまった結果だと思います。

問題をおこす企業は例外なく、正しい経営の実践をある時からないがしろにしてしまったのだと思います。そして、そのことをとうてい認められず・許すことのできない善良な人々により、問題が一気にあぶりだされるのです。

繰り返し言えば、経営者や中間管理職・幹部社員は、企業や組織が今やっていること、これからやろうとすることを、「儲かるか・儲からないか」とか「勝つか・負けるか」、さらには「都合が良いか・悪いか」などといった視点ではなく、「正しいか・正しくないか」、「自然か・不自然か」、「お天道様に顔向けができるか・できないか」といった視点で、経営を決断することが社員のモチベーションアップにも重要なのです。

正しい経営をやらずして、どんな最先端のビジネスモデルで経営を実践しても、一時的にはともかく、継続的に社員のモチベーションを上げるのは不可能です。

4　やりがい・働きがいの感じる仕事と人間関係づくり

社員のモチベーションを高めるためには、やりがいのある・働きがいのある仕事に従事してもらうことや、一緒に仕事を担う仲間との良い人間関係の醸成も必要不可欠です。

このことは、今回調査の「モチベーションを高めるうえで重要なこと」に対し、「働きやすい職場環境を重視する経営」34・1％や「社会性の高い仕事の内容」が29・3％、さらには、「モチベーションを下げる要因」でみると、「職場の人間関係が悪化した時」と回答した企業が、

81・0％あったことにも明確に示されています。

人はだれもが、程度の差こそあれ世のため・人のために役立ちたいと思っているし、仕事を通じそれを実感したいのです。

そのためには、仕事そのものも重要です。世のため・人のためにならないどころか、人や社会に迷惑をかけるような仕事では、社員のモチベーションが上がるはずはありません。

その意味では、世のため人のためになると実感できるような仕事こそが重要です。

また、仕事の質・量、さらには、目標設定や評価等も重要です。

毎日・毎日、ゆとりも遊びもないような、効果・効率こそを重んじたような仕事の提供では、働きがいや・やりがいを感じることはありません。

さらには、社員に業績ノルマを課し、社員間で過度な業績競争をさせるような経営をしていたら、社員のやりがい・働きがいは、下がる一方だと思います。

加えて言えば、長期にわたり、変化のない単純な仕事に従事させていたならば、自身の成長実感など湧くはずもないと思います。その意味では、仕事の量や質、さらには、評価も、やりがい・働きがいには大きく関係するのです。

社員のモチベーションを高めるためには、職場の人間関係も極めて重要です。このことを企業の経営者や中間管理職・幹部社員はもっともっと知るべきと思います。

所属する企業や組織・チームに、人間関係が気まずい人・うまくいっていない人が一人でもいたならば、毎日、楽しい職場生活を送れないからです。それどころか、そうした人とチームを組んで仕事をしたならば、チームの生産性が大幅に向上することなどありえないからです。

そればかりか、信頼できる仲間がいない社員、気の弱い社員などは、仕事ではなく人間関係に疲れ果て、気が滅入ってしまい、病気になったり、最悪の場合、離職をしてしまうと思います。

その意味では、企業全体としての社員のモチベーションを上げるためには、仲間意識はもとより、お互い様の風土の醸成、良い人間関係づくりの経営が必要不可欠です。

もとより、そのためには、理念に共感・共鳴する人柄の良い社員を採用・育成することが重要です。

本書で取り上げた企業をはじめ、社員のモチベーションが高いと評価されている企業の現地調査、さらには、本書執筆のための討論を踏まえ、次のような経営・組織風土づくりが効果的と思われます。

①新しいことに挑戦できる組織風土がある
②経営者や直属の上司がメンバーのことに気をかけている
③仕事を通じた成長を実感している
④仕事の工夫や改善について、社員同士で話し合える組織風土がある

⑤結果だけでなくプロセスやチャレンジも評価してくれる
⑥経営陣の方針や方向性が一致している
⑦上司・先輩は社員の育成に力を注いでいる
⑧顧客の情報共有ができていて社内に一体感がある
⑨法令順守やモラル・倫理観が高い
⑩自分の評価に納得している
⑪経営理念にそった経営をしている
⑫自分の給与に納得している
⑬顧客を大切にしている
⑭働いて人のために役立っていると実感している
⑮社員同士での挨拶がきちんとできている
⑯担当している仕事に誇りを持っている
⑰定期的な教育を受ける機会がある
⑱男女が平等に活躍の機会が与えられている
⑲地域社会の貢献活動に積極的である
⑳定時に退社しやすい雰囲気がある

5 社員のモチベーションを高める制度の充実強化

企業の業績が社員のモチベーションのレベルで決定するということを踏まえれば、企業は、これまで以上に、社員のモチベーションを高める制度の充実強化に取り組むべきです。もとよりその前提は、上述したような、お互い様風土・仲間意識の醸成ですが、それと同時並行して、そのための経営・とりわけ制度の充実強化も重要です。

具体的には、どのような制度を導入・充実強化すれば、社員のモチベーションが高まるのでしょうか。

本書の事例として取り上げさせていただいた大半の企業が、導入・実施している諸施策を踏まえると、次のような経営・施策が効果的と思われます。

①社員への経営情報の公開
②社員の経営計画書づくりへの参画
③タテではなくヨコの組織としての各種委員会制度の創設
④各種表彰制度
⑤全社会議・労使懇談会の開催

⑥資格取得奨励制度
⑦提案制度
⑧懇親会・交流会の開催
⑨中長期の経営計画の明示
⑩体系的な研修制度
⑪資格手当
⑫自己啓発支援制度
⑬定年延長制度
⑭目標管理制度
⑮人事評価制度の公開
⑯社員満足度調査
⑰社員旅行
⑱法定以上の育児や介護の休暇
⑲その他

6 大家族的経営・社員とその家族第一主義経営

社員のモチベーションはもとより、社員の帰属意識を高める方法の一つは、業績第一主義の経営ではなく、社員とその家族第一主義の経営、つまり大家族的経営を推進すべきです。

それもそのはず、一人ひとりの社員はもとより、社員を支えてくれている家族の幸せを踏まえた経営を行えば、社員のモチベーションは間違いなく上がるからです。

逆に言えば、業績を第一に考えた経営をしていたならば、多くの社員は物心両面において疲労が蓄積していくからです。

コストや原材料のように評価・位置づけされた社員が、組織の業績を高めようと努力し、価値ある仕事をするとは思えないからです。

このためには、５でも少し述べましたが、社員やその家族に対する法定外の福利厚生制度も充実強化すべきと思います。

社員が家族であったらとか、社員とその家族のきずながいっそう深まるような法定外福利厚生制度です。

こんなことまで自分や家族のために会社はしてくれるのかと思った社員は、まるで恩返し・恩送りのように価値ある仕事をするのです。

各種データを見る限り相対的にも絶対的にも、全体（マクロ）としての、わが国企業の元気の無さは、明らかです。

しかしながら、これを、全体や平均ではなく、個別企業（ミクロ）でみると、活力に満ち、その結果としての企業の業績も安定的に高い企業も少なからずあります。

つまり「マクロ」と「ミクロ」は全く違うのです。

かつては元気な活力に満ちた好業績企業というと、その属する業種や業態、あるいは、企業規模や立地場所、さらにはそのビジネスモデル等に大きな違いがありましたが、今日は、そんな属性に基づく違いはほとんどなくなっています。

本書でも、明確に述べましたように、その違いは「社員のモチベーションのレベル」にあるのです。

つまり、社員のモチベーションが高い企業の業績は安定的に高く、一方、社員のモチベーションの低い企業の業績は、例外なく低いのです。

このことは、日本を代表する「いい中小企業」をリードする多くの経営者が「経営者の仕事は社員のモチベーションを高めること」という言葉にも示されています。

人を大切にする経営学会経営人財塾6期生　執筆者一覧

坂本　光司	人を大切にする経営学会　会長

姉帯　勇気	向陽信和株式会社　岩手支店 支店長
荒井　貴大	株式会社セレモニー宝典　取締役
飯田　健太	株式会社飯田製作所　社長室 室長
井手　祐輔	株式会社ゆたかカレッジ　管理部長
伊藤真理子	有限会社ますいいリビングカンパニー　総務・広報
今井　進吾	医療法人社団わく歯科医院　管理本部本部長 CFO・CHO
海野　　大	アタックス税理士法人　社員税理士
大西　真司	株式会社大西商店　代表取締役
鴨志田栄子	有限会社ＣＳマネジメント・オフィス　代表
川端　光義	株式会社アジャイルウェア　代表取締役 CEO
木下　理恵	株式会社トーケン　管理本部広報課長
久保田敦雄	久保田電機株式会社　専務取締役
小泉　勇人	小泉機器工業株式会社　代表取締役社長
小平　秀樹	株式会社リフレット　専務取締役
櫻井　喜幸	株式会社スカイアーク　執行役員　事業統括
佐々木　静	株式会社テクノア　課長
神宮　正広	北関東自動車工業株式会社　代表取締役社長
武田　　純	株式会社みずほカーテンメンテナンス　代表取締役社長
中里　　曜	平金産業株式会社　健食素材事業部
永田　健二	株式会社アタックス・ヒューマン・コンサルティング 取締役 副社長
西本　俊行	株式会社日本レーザー　大阪支店 支店長　部長
野村　弘之	株式会社日本レーザー　取締役

林　　剛　　大興電子通信株式会　第一営業部　部長
原　知子
藤本　　忠　　株式会社ＡＢＴ　代表取締役社長
船越　武英　　プルデンシャル生命保険株式会社
松浦　優子　　株式会社ケアメイト　営業所長
宮川光太郎　　こと京都株式会社／こと京野菜株式会社　執行役員
村田　浩康　　村田ボーリング技研株式会社　社長室
村田　真章　　村田ボーリング技研株式会社　研削・レーザー部門
森　崇倫　　株式会社イゲタ金網　代表取締役社長
森　雅裕　　株式会社ハチオウ　代表取締役社長
山下　雄高　　株式会社ピエトロ　サポート本部　副本部長
山田　明智　　株式会社グッディーホーム　三鷹店店長
山本　一臣　　カズ・ドット・コンサルティング　代表
横山　利夫　　株式会社さくら住宅　品質管理部 担当部長
脇本　裕正　　株式会社天彦産業　常務取締役

中小企業人本経営（ＥＭＢＡ）プログラム 担当コーディネーター

藤井　正隆　　人を大切にする経営学会　事務局長
石川　　勝　　人を大切にする経営学会　事務局次長
坂本　洋介　　人を大切にする経営学会　事務局次長
水沼　啓幸　　人を大切にする経営学会　事務局次長

■著者紹介

坂本光司（さかもと　こうじ）

1947年静岡県生まれ。経営学者、「人を大切にする経営学会」会長、「人を大切にする経営大学院事業「経営人財塾」中小企業人本経営（EMBA）プログラム１年コース」プログラム長。常葉学園浜松大学（現・常葉大学）や福井県立大学、静岡文化芸術大学、法政大学大学院で教授を務めた。
主な著作に『日本でいちばん大切にしたい会社』シリーズ全8巻、『経営者のノート』（以上、あさ出版）、『もっと人を大切にする会社』（東京新聞出版）などがある。

自宅　〒421-0216 焼津市相川1529
電話 054-622-1717　メール k-sakamoto@mail.wbs.ne.jp

人を大切にする経営学会経営人財塾６期生

2018年度より、「人を大切にする経営学会」にて「人を大切にする経営大学院事業「経営人財塾」中小企業人本経営（EMBA）プログラム１年コース」を開塾。2023年度の第６期では、全国各地から参加する中小企業経営者・後継者・幹部社員、士業等専門家が理論と実務の両面から「中小企業経営のあり方・進め方」を徹底的に学んでいる。

いい会社に学ぶモチベーションの高め方

――人を大切にする45社の事例

二〇二四年三月十八日　第一刷発行

著　者　坂本光司＆人を大切にする経営学会
経営人財塾6期生

発行者　川畑善博
発行所　株式会社ラグーナ出版
〒八九二－〇八四七
鹿児島市西千石町三－二六－三F
電　話　〇九九－二一九－九七五〇
FAX　〇九九－二一九－九七〇一
URL https://lagunapublishing.co.jp
e-mail info@lagunapublishing.co.jp

印刷・製本　シナノ書籍印刷株式会社
定価はカバーに表示しています
乱丁・落丁はお取り替えします
ISBN978-4-910372-40-2 C0034

活字で利用できない方のための
テキストデータ請求券
『いい会社に学ぶモチベーションの高め方』
ラグーナ出版